CIP-Kurztitelaufnahme der Deutschen Bibliothek

Stadtnächte: d. Zeichner u. Grafiker Max Beckmann / Hrsg. Kunstverein in Hamburg. [Red.: Uwe M. Schneede unter Mitarb. von Bernhard Heisig; Stephan von Wiese]. — Berlin (West): Elefanten-Press-Verlag, 1980.

(EP 45)
Ausstellungskatalog.
ISBN 3-88520-045-7

NE: Beckmann, Max; Schneede, Uwe M. [Red.]; Kunstverein ⟨Hamburg⟩

© ELEFANTEN PRESS GMBH, Berlin (West) 1980 und Kunstverein in Hamburg. Für die Textbeiträge bei den Autoren. Alle Rechte vorbehalten. Nachdruck, Vervielfältigung jeder Art sowie Verwertung in Funk und Fernsehen nur mit Genehmigung des Verlags.

Redaktion: Uwe M. Schneede
Lay-out: Peter Wehr/ Regelindis Westphal

Printed in Berlin (West) (Western Germany)

1. Auflage, Berlin (West) 1980
ISBN 3-88520-045-7

Fotos: Beatrice Constantinescu-Frehn, Hamburg — Walter Dräyer, Zürich — Studio Grünke, Hamburg — Ilse Peters, München — Elke Walford, Hamburg

Bernhard Heisig ist seit 1976 Rektor der Hochschule für Grafik und Buchkunst in Leipzig, er gilt als einer der wichtigsten Künstler in der DDR. Uwe M. Schneede ist Leiter des Kunstvereins in Hamburg. Der vorliegende Band entstand unter seiner Redaktion anläßlich einer Beckmann Ausstellung in Hamburg und Darmstadt 1979/80; zahlreiche Veröffentlichungen u.a. über George Grosz und Käthe Kollwitz. Stephan von Wiese, eine Generation jünger als Heisig, leitet die Moderne Abteilung des Düsseldorfer Kunstmuseums; er promovierte 1974 mit einer Arbeit über Beckmann in Berlin. 1978 erschien sein Buch über Beckmanns zeichnerisches Werk 1903—1925.

Bei den Bildunterschriften und im Werkverzeichnis werden die folgenden Sigel verwendet:
R./Radierung
L./Litho
H./Holzschnitt
Z./Zeichnung
G./Werkverzeichnis der Druckgrafik von Klaus Gallwitz, Badischer Kunstverein Karlsruhe 1962
W./Stephan von Wiese. Max Beckmanns zeichnerisches Werk 1903—1925. Düsseldorf 1978
B./Max Beckmann. Aquarelle und Zeichnungen 1903—1950. Kunsthalle Bielefeld 1977

Bitte fordern Sie unseren kostenlosen ELEFANTEN EXPRESS an.
Verlagsanschrift:
Elefanten Press Verlag, Dresdnerstr. 10, 1000 Berlin (West) 36
Tel. (030) 6 14 77 04

Stadtnächte
Der Zeichner und Grafiker
Max Beckmann

Hrsg. Kunstverein in Hamburg
EP 45 ELEFANTEN PRESS VERLAG, Berlin (West) 1980

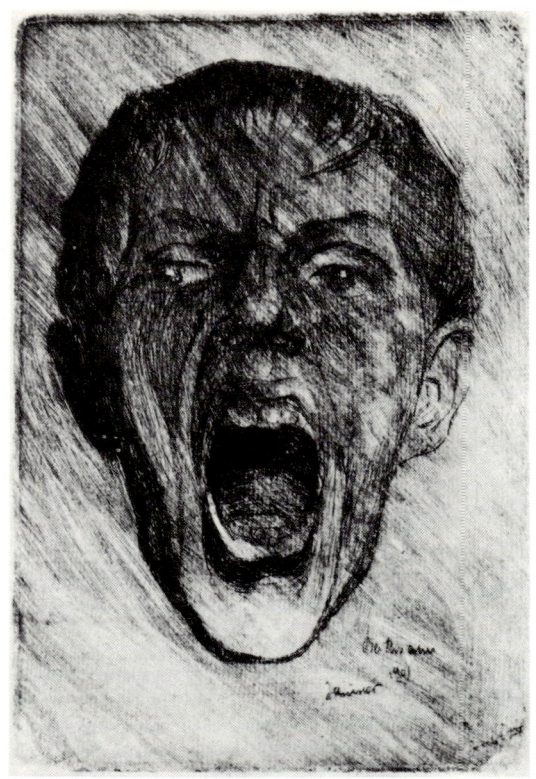

Max Beckmann, Selbstbildnis, 1901

Uwe M. Schneede

Ewigkeit & Alltag. Zu Beckmann

Er gilt bei uns und mittlerweile auch anderswo als einer der bedeutendsten deutschen Künstler des 20. Jahrhunderts, wenn nicht – will man denn schon auf Kategorien der Rangfolge sich einlassen – als der bedeutendste. Aber wer – Kenner ausgenommen – vermag schon die Frage schlüssig, einleuchtend, definitiv zu beantworten, wieso Beckmann das ist? Bei Léger, von vergleichbarer Bedeutung für Frankreich, dürfte die Antwort schon leichter fallen.

Diese Ausstellung will – nicht der erste und auch nicht der letzte – Versuch sein, der Antwort von heute aus näher zu kommen. Was ist es, das die Faszination vor Beckmanns Werk immer noch wachsen läßt? Das Künstler von Beckmann so sprechen läßt wie von Courbet (und doch ganz anders)? Doch nicht allein die Realistik? Doch nicht allein die metaphysische Komponente? Doch nicht allein die – allerdings einzigartige – Formkraft? In seinem Werk steckt ja noch viel mehr, Sarkasmus, Ausweglosigkeit, Vitalität, Zorn.

Mir scheint, Beckmanns besondere Bedeutung liegt darin, daß er im Unterschied beispielsweise zu Dix oder Grosz oder Seiwert im Konkreten ebenso verwurzelt war wie im Irrationalen. Anders ausgedrückt: sein Werk basiert nicht auf radikaler Spezialisierung, sondern auf radikaler Dialektik, auf widersprüchlicher Verknüpfung: Metaphysik & Realistik, Ewigkeit & Alltag, Suggestion & Aufklärung, Vitalität & Ausweglosigkeit, Leiden & Sarkasmus, Sachlichkeit & Phantasmagorie, Tradition & Gegenwart.

Diese Dialektik (»Das Glück oder Unglück will es, daß ich nicht nur weiß, nicht nur schwarz sehen kann... Ich kann nicht anders, als mich in beidem zu realisieren«, Londoner Vortrag 1938) rückt ihn ab von den Expressionisten, denen er »falsche und sentimentale Geschwulstmystik«, von den Neusachlichen, denen er »gedankenlose Imitation des Sichtbaren«, und von den Franzosen, denen er »amüsante Dekoration« vorwirft.

Von seinen eigenen Werken stellt er sich (1912) vor, daß sie sinnlich und gegenständlich und sachlich, daß sie – so geäußert schon 1909 – vulgär, furchtbar, großartig, real, grotesk sein sollen. Sein Werk löst diesen Anspruch ein.

Wenn Beckmann Entsetzen und Komik, Banales und Metaphysik im Bild zusammendrängt (ohne das eine mit dem anderen unübersichtlich zu vermengen), dann antwortet er, wissend und leidend, dialektisch auf die Welt, auf den »unsagbaren Widersinn des Lebens« (24. 9. 1914), den »Wahnsinn des Cosmos« (17. 7. 1950). Er schafft, wie Kubin es angesichts des Beckmannschen Werkes ausgedrückt hat, eine »Spiegelung unserer Tage, vor der einem manchmal das Herz stillstehn möchte. Ja, unsere Zeit ist gezwungen, sich ihre Schönheit aus dem Schrecken zu destillieren.« (nach R. Piper, 1950).

Die grafischen Blätter aus der Zeit um 1920 (etwa diejenigen aus der Lithofolge »Die Hölle«) sind objektive Berichte aus dem Alltag, sind subjektive Berichte über Erkenntnisse und Erfahrungen in der Wirklichkeit und sind doch immer noch mehr. Um diesem Mehr sich zu nähern, muß man sich vor Augen führen, daß Beckmann sich eine Art idealistischer Hilfskonstruktion geschaffen hat, um sich die Wirklichkeit, der er sich ausgesetzt fühlt, auf Distanz zu halten und ihr zugleich beizukommen: »Wenn man dies alles – den ganzen Krieg oder auch das ganze Leben nur als eine Szene im Theater der Unendlichkeit auffaßt, ist vieles leichter zu ertragen« (22. 9. 1940).

Gewiß, dies ist eine Äußerung aus der Spätzeit, aber beide Gedanken, der eine, daß alles menschliche Tun transitorisch sei, eine Winzigkeit im Ablauf der Welt, und der andere, daß alles rundum den Charakter eines Welttheaters habe, beide Gedanken sind schon früh ausgebildet. Die Mappe »Gesichter« von 1919 sollte ursprünglich diesen Titel tragen: »Welttheater«, und die Szenen aus der Revolutionszeit unter dem Titel »Die Hölle« (1919) werden außen auf der Mappe wie von einem Jahrmarktschreier als großes höllisches Spektakel angepriesen.

Was nun im Bild erscheint, dieser künstlerische Reflex auf eigenes und fremdes Leben, hat aus dem Blickwinkel des Welttheaters Modellcharakter. Stellt Beckmann die sozialen Unterschiede oder die Ermordung Rosa Luxemburgs oder die Situation der Linksintellektuellen in der Weimarer Republik dar, so tut er dies modellhaft. Seine Mitteilungen beziehen sich auf die Zeit um 1920 und betreffen dennoch uns.

Es erhebt sich die Frage, mit

welchen Bildmitteln Beckmann diesen Modellcharakter erreicht, denn die Vorstellung vom »Welttheater« will ja in Raum und Figur umgesetzt sein und sinnlich erfahrbar gemacht werden.

Sprechen wir vor allem über die Phase verstärkter grafischer Produktion (1916–23), die zugleich die Phase ist, in der es inhaltlich und formal »um Biegen oder Brechen« (Wilhelm Fraenger) geht. Der Bildausschnitt ist eng, die Figuren werden nah herangerückt, an die vordere Bildebene gepreßt, oft überlappen sie den Bildrahmen, als platzten sie aus dem Gehege. Der Raum ist niedrig, wenig tief. Die Figuren haben keinen Lebensraum, die Räume keine Öffnungen. Fenster sind nicht Ausblicke auf Weite, Landschaft (also Hoffnungen), sondern dunkle Löcher. Der ganze Raum ist für Beckmann ein »finsteres schwarzes Loch«, das mit Figuren und Gegenständen gestopft sein will. Darin liegt die Gefährdung, die Labilität dieser Figuren: daß sie jederzeit in das Loch, das sie stopfen sollen, in »seine schaurige Tiefe« (24. 5. 1915) fallen können.

Denn dieser Raum, in dem die Figuren nicht geborgen, sondern ausgesetzt sind, ist für Beckmann eine Metapher. Das geht ganz deutlich aus einer Äußerung von 1927 hervor. Da spricht er (in einem Artikel »Der Künstler im Staat«) von »der schlamasselhaften Sklavenexistenz, die wir jetzt Leben nennen ... Eingesperrt wie Kinder in einem dunklen Zimmer, sitzen wir gottergeben da und warten darauf, daß man uns die Tür aufmacht und uns zur Hinrichtung, zum Tode führt.« Vorraum zur Hölle: Strindberg, Munch, Sartre.

Dieser Modellcharakter wird durch das Bühnenmotiv bekräftigt. Beckmann siedelt seine Figuren häufig im Zirkus, auf dem Jahrmarkt, im Varieté, im Tanzsaal, in der Fastnacht an. Das Leben wird als groteske Illusion vorgeführt. Der diese Figuren in die Welt setzte, der Künstler, und der sie anschaut, der Betrachter, sie beide wissen: gehandelt wird hier nicht von der Illusion, sondern von der Desillusion. Maskieren heißt Demaskieren, und der Blick auf die Kulissen öffnet den Blick hinter die Kulissen.

Bei aller Ausweglosigkeit und Schwere dürfen die komischen und die grotesken Elemente bei Beckmann nicht übersehen werden. Er erreicht sie, indem er Mimik und Gestik überzeichnet, der Körpersprache einen außerordentlichen Raum gibt. »Es ist«, schreibt Curt Glaser 1924, »der Humor eines Zeichners, dessen spitze Winkel wie scharfe Messer das Wirkliche entblößen.«

Die Köpfe: sie sind vermummt, maskiert, verletzt, bandagiert, verformt durchs Gähnen, aufgerissen beim Schrei, zur Grimasse verschoben, metaphorische Mitteilungen. Aber wenn er Menschen mit karikaturistischen Zügen darstellt, verhält sich Beckmann nicht hämisch, nicht distanziert, nicht als Moralist. Immer wieder ist er selbst in diesen Szenerien zu finden: zutiefst verstrickt.

Auch die Perspektive spielt in diesen Welttheater-Modellen ihre Rolle. Von Figur zu Figur, von Gegenstand zu Gegenstand wechselnd, fungiert auch sie als metaphorische Form. Statt zu ordnen und Ordnung zu demonstrieren, wie dies die Aufgabe der Perspektive, zeigt sie Zerrüttung vor; die rationale Organisation, die von der Perspektive gemeinhin geschaffen wird, ist hier aufgerissen.

Im Rückgriff auf mittelalterliche Verfahrensweisen werden die Figuren und die Köpfe so gestaffelt und getürmt, daß der Eindruck von Horror vacui entsteht. Dieser Horror vacui ist das bewußt angewandte Mittel, Chaosbilder zu erzeugen und durch sie direkt, sinnlich beim Betrachter Schrecken zu erzeugen. In der vorintellektuellen Phase, also bevor die Einzelheiten des Bildes erkannt und verifiziert werden, funktioniert bereits dieses suggestive Moment, die unmittelbare sensorische Übertragung von Schrecken, hervorgerufen durch Körpersprache, Figurenverschlingung und -türmung, Perspektiv- und Maßstabwechsel, Horror vacui.

In diesem Zusammenhang noch einmal der Hinweis auf Beckmanns Vorbilder aus der altdeutschen Malerei. Er nennt Mälesskircher (womit er den Meister des Tegernseer Altars meint) und Grünewald. Fügt man Ratgeb hinzu, so sind bei diesen Vorbildern bereits alle Mittel einer suggestiven Schreckensübertragung angelegt.

Das Modellhafte an Beckmanns ins Zweidimensionale gepreßtem Welttheater gründet sich auch auf ein dialektisches Prinzip. Nicht das Sichtbare soll, subjektiv formuliert, dargestellt werden, sondern gleichermaßen auch das Unsichtbare, ohne das die Figur und der Gegenstand ihm unwirklich erscheinen. In seinen eigenen Worten: »Ich suche aus der gegebenen Gegenwart die Brücke zum Unsichtbaren ... Es

»Von allen Seiten dringt die motivische und formale Überfülle als optischer Lärm gegen das Gesicht in der Mitte an. Aber so dünn die Grenzen sind, die diesen Kopf, der den Totenschädel, der zuletzt zurückbleiben wird, ahnen läßt, vor der Umgebung trennen: es kommt ihnen doch die Bedeutung einer unüberwindlichen Grenze zu ... Der Treffpunkt des Vergnügens Ort der tödlichen Langeweile, seine Klienten zum Vergnügen verdammt, die Bar Wartesaal des Todes, der Künstler darin der Seher des Weltuntergangs« (Gotthard Jedlicka, 1959).

Königinbar (Selbstbildnis), R. 1920

11

handelt sich für mich immer wieder darum, die Magie der Realität zu erfassen und diese Realität in Malerei [Grafik, Zeichnung] zu übersetzen. – Das Unsichtbare sichtbar machen durch die Realität. – Das mag vielleicht paradox klingen – es ist aber wirklich die Realität, die das eigentliche Mysterium des Daseins bildet« (1938 im Londoner Vortrag).

Gelingt es, durch das Sichtbare das Unsichtbare zu veranschaulichen, so verliert das Kunstwerk, in dem sich dieser Prozeß vollzieht, den Anschein und wird selbst (als Erkenntnismittel und als Arbeitsprodukt) zum Teil von Wirklichkeit durch seine Wahrhaftigkeit, »wirklicher als das Leben«: »Das wichtigste [ist] …, daß man … diese gespensterhafte Welt zu einer Realität des Bildes bringt. Die einzig wirkliche Realität, die es gibt«. Mit dem Zusatz: »Wirklicher sein als das Leben, das ist wohl das Äußerste, was ein Mensch machen kann, und diesem reizenden Beruf unterziehe ich mich täglich« (17. 3. 1939 an J. B. Neumann).

Ist das Leben Theater, Illusion, Kulisse, so spielt sich dahinter der eigentliche Konflikt ab. Beckmann ist kein Materialist. Die Instanz, mit der er sich auseinandersetzt, nennt er Gott. Beckmanns Aufbegehren, seine Entblößungen des Lebens beruhen auf »Trotz gegen Gott. Trotz, daß er uns so geschaffen hat, daß wir uns nicht lieben können«: »Ich werfe in meinen Bildern Gott alles vor, was er falsch gemacht hat« (1919 zu R. Piper).

Ganz am Ende seines Lebens drückt er noch einmal aus, daß er darin seine Berechtigung als Künstler sah: »Wenigstens blieb uns der Protest gegen den 'scheinbaren' Wahnsinn des Cosmos. – Das war das Letzte womit man seine Existenz noch einigermaßen rechtfertigen – mit dem man noch leben konnte« (17. 7. 1950).

In Max Beckmanns Werk sind mehrere Brüche und Wendungen zu beobachten. Zuerst ist es das Kriegserlebnis, das ihn aus der Bahn wirft. An die Stelle atmosphärischer Schilderungen tritt die unnachsichtige Darstellung der Verletzten und der Toten. Zurückgekehrt aus dem Krieg, setzt er die Irritationen in fratzenhaft wirkende Gruppenbilder um. Dann läßt er sich von den revolutionären und den Nachkriegsereignissen erschüttern; er will »den Menschen ein Bild ihres Schicksals geben« (1918). Es entstehen die großen Grafikfolgen (»Die Hölle«, »Der Jahrmarkt«, »Berliner Reise«), in denen sich soziales Verantwortungsbewußtsein und metaphysischer Trotz überlappen. Im Verlauf der 20er Jahre nimmt die Mythologisierung zu. Die Isolation im Exil verstärkt den hermetischen Charakter seiner Blätter. Jetzt ist für Beckmann der Künstler »der bewußte Former der transzendenten Idee ... ist der eigentliche Schöpfer der Welt« (1927).

Erhard Göpel hat nachgewiesen, daß diese Brüche und Wendungen sich in der Regel zuerst im zeichnerischen Werk ausdrücken und über das Zeichnen zur Systematisierung führen. Deshalb spielen die Zeichnungen im Beckmannschen Oeuvre eine besonders wichtige Rolle. Um so erstaunlicher, daß diesem Teil seines Werks lange sehr wenig Aufmerksamkeit geschenkt wurde. Die einzige größere systematische Arbeit ist Stephan von Wieses 1978 erschienenes Buch »Max Beckmanns zeichnerisches Werk 1903–1925«; die umfangreichste Ausstellung fand 1977 in Bielefeld unter dem Titel »Max Beckmann. Aquarelle und Zeichnungen 1903–1950« statt. Diese Bestandsaufnahmen bestätigten Erhard Göpels Beobachtun-

gen, daß mit den inhaltlichen und formalen Veränderungen auch die zeichnerischen Techniken wechselten. In der Frühzeit bevorzugte Beckmann den weichen, Unsicherheiten verbergenden Bleistift, im Krieg die spitze, zittrig geführte Feder, Anfang der 20er Jahre schwarze Kreide, dann die düster wirkende, scharfe Kontraste erzeugende Kohle und schließlich mehr und mehr den zu malerischen Effekten neigenden Pastellstift. In der Spätzeit tauchen Gouache, Aquarell, Feder, Kreide, Kugelschreiber, Bleistift nebeneinander auf.

Man schätzt, daß es etwa 3000 Zeichnungen von Beckmann gibt, die noch nicht in ihrer Gänze (auch von Stephan v. Wiese nicht) gesichtet sind; ein großer Teil befindet sich im New Yorker Nachlaß.

Grafiken hat Beckmann etwa 300 geschaffen. Um 1924 nimmt die grafische Produktion rapide ab. Das mag persönliche Gründe haben, mit der wachsenden Vorliebe fürs Zeichnen zu tun haben, aber dahinter steht möglicherweise auch das gedämpfte kommerzielle Interesse an der Auflagengrafik wegen der vorausgegangenen Inflationierung.

Die Jahre ab 1918 bringen eine Überfülle von Grafik hervor, die in der knappen Zeit oft Bild-Ersatz ist. Zwischen 1918 und 1924 erscheinen beispielsweise neun grafische Folgen von Dix, drei von Grosz, drei von F. M. Jansen, zwei von Masereel, je eine von Magnus Zeller, Otto Freundlich, Heinrich Hoerle, Käthe Kollwitz, Karl Hofer, Rudolf Grossmann sowie vier von Max Beckmann. Diese grafische Produktivität bricht nicht nur bei Beckmann Mitte der 20er Jahre ab.

Ein weiterer Blick des Hamburger Kunstvereins in die deutsche Kunst der 20er Jahre. Mittlerweile fügen sich die Einzelausstellungen zu einem Bild der Aufbrüche und Widersprüche.

1975 George Grosz: es ging darum, die Konflikte eines Künstlers zu untersuchen, der von den Kriegsereignissen aufgerüttelt wurde, sich mit seiner Kunst parteilich engagierte, im Verlauf der 20er Jahre vom Klassenkämpfer zum Moralisten wandelte, schließlich in der Emigration wieder der Misanthrop wurde, der er ganz zu Anfang war. 1977 Otto Dix: wieder einer von denen, die vom Krieg geprägt wurden in ihrer antibürgerlichen Haltung und in ihrer aggressiven Kunst, eine neue

Ästhetik des Grauens entwickelnd. Im selben Jahr Conrad Felixmüller: Ansätze zu einer proletarischen Kunst und Fortführung von Traditionen (in den Holzschnitt-Porträts). Ebenfalls 1977 Oskar Schlemmer: Stetigkeit im Aufbrechen von Gattungsgrenzen und in der Entwicklung von Gegenbildern aus dem Geist eines humanitären Idealismus.

Und nun Max Beckmann, der schwierigste von ihnen, widersprüchlich auch er, aber nicht schwankend, jemand, der sich nicht einordnen läßt, ein Einzelgänger (wie Schlemmer), ohne Adepten, ohne Heimat (die Grosz zumindest zeitweilig hatte). Seine Zeichnungen und seine Grafik erleichtern den Zugang zum Gesamtwerk, zu den Gemälden, die ab 1918/19 das Schwergewicht des langen Herstellungsprozesses aufbewahren, indirekter sprechen als Zeichnungen und Grafiken.

Diese Ausstellung und dieser Text sind entstanden in Erinnerung an die bedeutende Max Beckmann-Ausstellung, die, mit den großen Bildern und Triptychen, Hans Platte 1965 im Hamburger Kunstverein gezeigt hat und die uns, angereiste Studenten, aufgewühlt hat.

Max Beckmann

Bekenntnis

Ich denke immer nur an die Sache.
An ein Bein, einen Arm, an die Durchbrechung der Fläche durch das wundervolle Gefühl der Verkürzung, an die Aufteilung des Raums, an die Kombination der geraden Linien im Verhältnis zu den gekrümmten. An die amüsante Zusammenstellung der kleinen vielfach verschiedenbeinigen Rundheiten zu den Geradheiten und Flächigkeiten der Mauerkanten und Tiefe der Tischflächen, Holzkreuze oder Häuserfronten. Das Wichtigste ist mir die Rundheit in der Fläche, die Tiefe im Gefühl der Fläche, die Architektur des Bildes.

Frömmigkeit! Gott? O schönes, viel mißbrauchtes Wort. Ich bin beides, wenn ich meine Arbeit so gemacht haben werde, daß ich endlich sterben kann. Eine gemalte oder gezeichnete Hand, ein grinsendes oder weinendes Gesicht, das ist mein Glaubensbekenntnis; wenn ich etwas vom Leben gefühlt habe, so steht es da drin.
Der Krieg geht ja nun seinem traurigen Ende zu. Er hat nichts von meiner Idee über das Leben geändert, er hat sie nur bestätigt. Wir gehen wohl einer schweren Zeit entgegen. Aber gerade jetzt habe ich fast noch mehr als vor dem Krieg das Bedürfnis, unter den Menschen zu bleiben. In der Stadt. Gerade hier ist jetzt unser Platz. Wir müssen teilnehmen

an dem ganzen Elend, das kommen wird. Unser Herz und unsere Nerven müssen wir preisgeben dem schaurigen Schmerzensgeschrei der armen getäuschten Menschen. Gerade jetzt müssen wir uns den Menschen so nah wie möglich stellen. Das ist das einzige, was unsere eigentlich recht überflüssige und selbstsüchtige Existenz einigermaßen motivieren kann. Daß wir den Menschen ein Bild ihres Schicksals geben, und das kann man nur, wenn man sie liebt. Eigentlich ist es ja sinnlos, die Menschen, diesen Haufen von Egoismus (zu dem man selbst gehört), zu lieben. Ich tue es aber trotzdem. Ich liebe sie mit aller ihrer Kleinlichkeit und Banalität. Mit ihrem Stumpfsinn und billiger Genügsamkeit und ihrem ach so seltenen Heldentum. Und trotzdem ist mir jeder Mensch täglich immer wieder ein Ereignis, als wenn er eben vom Orion heruntergefallen wäre. Wo kann ich dieses Gefühl stärker befriedigen als in der Stadt? Auf dem Land, sagt man, weht die Luft reiner, und man ist Versuchungen schwerer ausgesetzt. Ich bin der Ansicht, daß der Dreck überall derselbe ist, die Reinheit liegt im Willen. Bauern und Landschaft ist sicher auch etwas sehr Schönes und gelegentlich eine schöne Erholung. Aber das große Menschenorchester ist doch die Stadt.

Das war das Ungesunde und Ekelhafte in der Zeit vor dem Krieg, daß die geschäftliche Hetze und die Sucht nach Erfolg und Einfluß jeden von uns in irgendeiner Form angekränkelt hatte.

Jetzt haben wir vier Jahre dem Entsetzen täglich in die Fratze gesehen. Vielleicht ist es bei manchen doch ein bißchen in die Tiefe gefahren. Vorausgesetzt allerdings, daß irgendwo auch nur der geringste Ansatz dazu da war.

Völlige Absentierung, um die bekannte persönliche Reinheit und Versenkung in Gott zu erwischen, ist mir vorläufig noch zu blutlos und auch zu lieblos. Das darf man erst, wenn man sein Werk getan

hat, und unsere Arbeit ist die Malerei.

Vieles sind wir hoffentlich losgeworden, was vorher war. Aus einer gedankenlosen Imitation des Sichtbaren, aus einer schwächlich archaistischen Entartung in leeren Dekorationen und aus einer falschen und sentimentalen Geschwulstmystik heraus werden wir jetzt hoffentlich zu der transzendenten Sachlichkeit kommen, die aus einer tieferen Liebe zur Natur und den Menschen hervorgehen kann, wie sie bei Mäleßkircher, Grünewald und Breughel, bei Cézanne und van Gogh vorhanden ist. Vielleicht wird auch durch verringerte Geschäftstüchtigkeit, vielleicht sogar, was ich kaum zu hoffen wage, durch ein stärkeres kommunistisches Prinzip, die Liebe zu den Dingen um ihrer selbst willen größer werden, und nur darin sehe ich eine Möglichkeit, wieder zu einem großen, allgemeinen Stilgefühl zu kommen.

Das ist ja meine verrückte Hoffnung, die ich nicht aufgeben kann und die trotz allem stärker ist in mir als je. Einmal Gebäude zu machen zusammen mit meinen Bildern. Einen Turm zu bauen, in dem die Menschen all ihre Wut und Verzweiflung, all ihre arme Hoffnung, Freude und wilde Sehnsucht ausschreien können. Eine neue Kirche. Vielleicht hilft mir die Zeit.

Aus: Schöpferische Konfession, Berlin 1920 (Auszug)

16

Bernhard Heisig

Max Beckmann
Die Verantwortung zur Form

Er wußte wie er aussah. Gemalt hat er sich, wie er gesehen werden wollte. Erstaunlich, wie ein Name Eigenschaften scheinbar annehmen und ausdrücken kann. Max Beckmann. Gewisse Selbstbildnisse im Frack, Unternehmervisage, arrogante Attitüde, viel Maske, Theater und Balancierstange für die Angst vor dem Absturz in den unheimlichen Raum.

Oder das Foto im Amsterdamer Tabakspeicheratelier im »Plättbrettland«, wohin er von den Nazis verjagt war. Sperrig, abweisend, mit unvermeidlicher Zigarette, die Bilder ostentativ zur Wand gedreht. Teutonisches Kraftprotzentum schrieb man in Frankreich vor Jahren, als dort die erste Beckmannschau zu sehen war.

Kein versöhnender artistischer Filter, der auch bei den äußersten Abstraktionen Picassos nie fehlt, selbst nicht bei Guernica. Hartes, schwarz umrandetes Gerüst, ein bohrender, manchmal verzweifelter Wille zur adäquaten Form.

Er ist verärgert, wenn einer daherkommt und gelegentlich mit beinahe Goethescher Heiterkeit behauptet, »er suche nicht, er finde«. Bei Beckmann gibt es nichts Heiteres. Dafür die Grimasse. Kein Wunder, daß er den Spanier nicht mochte. Der programmatische Nahkampf mit der Form war seine Sache, nicht das Spiel. »Dort alles auf dem Boden, nichts im Gehirn« notiert er am 3. November 1947, nachdem ihm »die Picassos höhnisch von den Wänden entgegengrinsen«. Und »unter ängstlichem Gebrüll nach Hause...«. Plötzlich hat man die Formel seiner Bilder. Die

Angst, der mit Gebrüll begegnet werden muß.

Nun sieht man sie als steten Begleiter seiner Figuren, die er in kistenartige, hart stabilisierte Räume klemmt, wo sie mit großen Augen, etwas ratlosen oder fratzenhaften Gesichtern lieben, tanzen und morden. Kindertuten scheinen irgendwo zu quäken, geheiligte Texte werden höhnisch verballhornt. Grelles elektrisches Licht, fressende Schatten, Rummelplätze, Bars, Kaschemmen, und wer sich abgestoßen fühlt, darf glauben, nur auf Rummelplätzen und in Kaschemmen ginge es so zu.

An der Decke pendelnd eine an den Füßen aufgehängte Leiche. »Galleria Umberto 1925«. Gerade dort, wo 20 Jahre später die Leiche Mussolinis kopfüber hing, sagt man. Legende oder Zufall. Sechs Jahre, bevor Dresden im Feuerstrom zweier Bombennächte unterging, malt das Otto Dix. Auch Zufall. Aber vielleicht geht bei manchem die Uhr doch vor. 1915 habe die Sanitätsbaracke von Courtrai Beckmann die Augen geöffnet, liest man. Aber er hatte sie längst weit offen, horchte auf die nahe Katastro-

phe. Im Rubens-Delacroix Getümmel seiner frühen Bilder sieht man die versteckten Mordszenen.

Als junge Maler, unsichere Realisten, über die man lachte – (was wollen sie denn heute noch mit Figurativem, gar mit Realistischem) – versuchten wir uns nach dem Krieg aus dem Chaos der Kunsturteile und Prognosen zu retten. In einer Zeit also, wo es von den Leinwänden spritzte und tröpfelte, und das Arbeiten mit der menschlichen Figur als niedrigste Form der Kunstübung galt. Da war die Begegnung mit Beckmann eine hilfreiche Erleichterung. Hier war etwas herübergerettet von den Alten, und der Mensch das ausdrucksfähigste, bezugreichste Medium geblieben. Von da aus gab es noch die Verantwortung zur Form. Bilde Künstler, rede nicht. »12 Stunden am rechten Kopf von Argo – welcher Wahnsinn« heißt es am 16. Dezember 1950, elf Tage vor seinem Tode. Eben nicht schwätzen, reden, sondern bilden. Sehr aktuell, denke ich. Die Gegenwartskunst ist etwas geschwätzig, redselig geworden.

1915 heißt es in den Kriegstagebüchern »Immer

arbeite ich an der Form. Manchmal denke ich, daß ich verrückt werde, so ermüdet und quält mich diese schmerzliche Wollust«. Und »wie wirst Du jetzt Minkchen malen gegen die gelbe Wand…« oder »das glitzernde Licht, das sich in dem belebenden Weiß der Fliegergranaten am bleiernen Sonnenhimmel spiegelt…«. »Die Weisheit mit den Augen suchen«, sagt er und betont »mit den Augen«.

Und dann »Nichts ist lächerlicher als eine philosophische Konzeption, gemalt ohne die Wut der Sinne«. Von Konzeptionen sieht und liest man heute viel – von der Wut der Sinne weniger. Noch weniger vom Willen oder wenigstens von der Verantwortung zur Form. Am Ende schreibt er etwas verzweifelt »überall Gemeinheit und Brutalität«. Vielleicht war es ihm gar nicht bewußt. Aber er war einer der härtesten Gesellschaftskritiker seiner Zeit, die ihn ängstigte und faszinierte. Was er bejahen wollte, kann man aus seinem »ängstlich gebrüllten« Nein vielleicht ahnen. Max Beckmann der letzte große Bildermacher der Moderne.

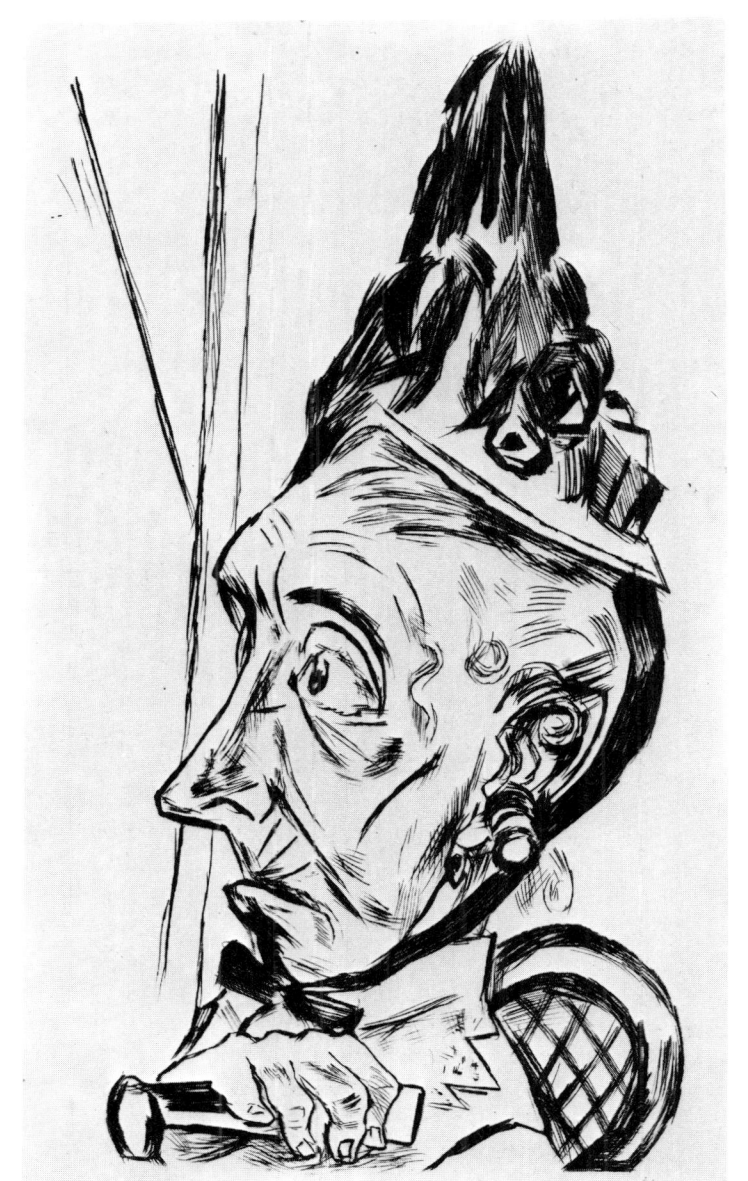

Alte Frau mit Kapotthut, R. 1920

Die Mutter, Z. 1922

Stephan von Wiese

Eine »Caritas« der Weimarer Republik

Max Beckmann figuriert immer noch als »expressionistischer Außenseiter« in der deutschen Kunstgeschichte. Dabei steht sein Werk seit dem Ersten Weltkrieg in deutlicher Nachbarschaft zum zeitgenössischen Realismus. Von besonderem Interesse ist dabei die ungewöhnliche Spannweite realistischer Darstellungsform bei Beckmann. Diese Spannweite wird noch anschaulicher, wenn man neben dem malerischen und dem druckgraphischen auch das zeichnerische Werk berücksichtigt, wie das in der folgenden Gegenüberstellung einer Lithographie und einer Zeichnung aus dem Jahr 1922 der Fall sein wird. Beckmann hat in diesen beiden Arbeiten zwei realistische »Lesarten« desselben Themas – einer notleidenden Mutter – gegeben.

Die Lithographie ist unter dem Titel »Die Nacht«[1] Teil eines zehnblättrigen »Streifzugs« durch die Metropole Berlin, wie er 1922 als graphischer Zyklus unter dem Titel »Berliner Reise« herauskam. In diesem Blatt wird Beckmanns künstlerische Nähe zum »Verismus« der zwanziger Jahre – also zu Grosz und Dix – manifest.

Die Lithographie zeigt eine schlafende Mutter, die einen Säugling im Schoß hält. Sie sitzt auf einer Fensterbank in einer engen Dachkammer, neben ihr schläft kauernd ein schon älteres, männliches Kind. Einem dritten, weiblichen Kind ist nur der Fußboden geblieben. Eine Petroleumlampe ist die einzige Habseligkeit dieser Familie, der ein kleines Fenster lediglich Ausblick auf eine Häuserwand verleiht. Das Mietskasernenelend der Großstadt erscheint hier unentrinnbar und gefängnishaft.

Die Szene ist durch einen Dachbalken und durch schräge Rahmenlinien scharf in sich eingegrenzt. Dem – bürgerlichen (denn mit ihm wird gerechnet) – Betrachter wird vom Künstler eine Tür geöffnet zu einem von ihm sonst getrennten, verdrängten sozialen Bereich, zu materieller Not und Unbehaustheit. Die Lithographie ist insistierendes Aufzeigen des Skandals der Not einer unterprivilegierten Klasse, des Elends proletarischer Familien – zumal derjenigen ohne Vater – in der frühen Weimarer Republik.

Neben dieser – veristischen – Lesart des Themas steht in der Zeichnung »Die Mutter«[2] aus demselben Jahr eine mythisierende. Das Thema wird aus seiner genau definierten Besonderheit herausgehoben und ins Allgemeine transzendiert. Das »proletarische Elend« wird weitergefaßt als »menschliches Elend«. Die gesellschaftliche Not der Zeit – geprägt durch Kriegsfolgen und Inflation – ist Hinweis auf die überzeitliche existentielle Not, auf die – existenzphilosophisch gesprochen – »Geworfenheit« des Menschen.

Dabei sind die meisten Motive der Lithographie von der Zeichnung zunächst übernommen. Der Junge auf der Fensterbank sowie das Dachbalkengerüst sind zwar fortgefallen. Die Mutter mit dem Säugling, das Kind auf dem Boden, der Ausblick aus dem Fenster und somit das formale wie ikonographische Grundgefüge aber sind stehengeblieben. Doch dies nur auf den ersten Blick. Jedes Detail liest sich nämlich nun anders. Die Mutter, in der Lithographie bei aller Erschöpftheit noch von zupackender Vitalität, ist in der Zeichnung eine zum Skelett abgemagerte Greisin. Das Kind liegt nun eher in den Armen einer Personifikation des Todes als des Lebens. Ein mächtiger Schatten verdoppelt die Drohgebärde der Mutter noch einmal, die wie ein Ausrufezeichen steil und aufrecht die Komposition bestimmt.

Das Kind auf dem Boden – ob Junge oder Mädchen, bleibt unklar –, das als Rückenfigur der lithographischen Darstellung noch einen Zug »geborgener« Abgeschlossenheit vermittelte, ist nun mit zur Fratze verzerrtem Gesicht bedrängenden Träumen ausgesetzt. Das Fenster öffnet sich nicht mehr auf – bei allem Elend immer noch häusliche – Mietskasernen, sondern in den unendlichen »Abgrund« tiefer Himmelsschwärze, wobei der »dämonische« sichelspitze Mond (wie in der Symbolik zeitgenössischer Lyrik) weiteres Unglück verheißt. Die Situation wird noch deutlicher: Die Fensterbank wurde zur Latrine. Ein Kamm ohne Zinken – jede Schmucksucht wäre hier fehl am Platz – und das qualmende Lebenslicht sind Symbole, die deutlich machen, daß der Säugling – mit übrigens überaus »alten«, selbstporträthaften Gesichtszügen – einem Leben entgegenschläft, das nur als Unheil beschrieben werden kann. Der besondere Grimm, der aus der Zeichnung spricht, erscheint so nur allzu angemessen.

In dieses Elend ist der Betrachter nun einbezogen. War die Dachkammerszene der Lithographie in sich abgeschlossene Episode – schon von der Komposition her –, so ist die »Lebenslatrine« der Zeichnung offener Raum ohne Begrenzung. Die Bildfiguren drängen sich dem Betrachter entgegen, der zusätzlich noch vom schwarzen Blick der Greisenmutter fixiert wird. Denn die Greisin ist nun – anders als die Proletariermutter – »über jeden Schlaf hinaus«, von unausweichlicher Präsenz und somit mythische Figur.

Beckmann hat also über zwei realistische Dar-

Die Nacht (»Berliner Reise«, Bl. 3), L. 1922

stellungsweisen – »veristischen« und »transzendenten« Realismus – Mitte der zwanziger Jahre gleichermaßen verfügt. Die Operationen, die er bei der Umschreibung der einen »Lesart« des Themas in die andere unternommen hat, lassen sich folgendermaßen zusammenfassen:

Die veristische Lesart zeigt einen in sich geschlossenen, genau determinierten sozialen Bereich. Die Klassenzugehörigkeit der typisierten Bildfiguren ist durch einzelne prononcierte Details – Kleidung, Haartracht usw. – klar ablesbar. Das gleiche gilt für das szenische Umfeld. An die Stelle des Milieurealismus der naturalistischen Malerei des 19. Jahrhunderts tritt ein »Milieusymbolismus«. Wenige szenische Angaben konstituieren ein Metapherngefüge innerhalb des Bedeutungsfeldes »materielles Elend«.

In der transzendent-realistischen Lesart werden diese Milieumetaphern noch einmal transformiert. Das milieusymbolische Metapherngefüge wird ersetzt durch einen »metaphysischen Symbolismus«. Damit löst sich der Milieuzusammenhang der Szene zunehmend auf. An seine Stelle

tritt ein verschlüsselter Assoziationszusammenhang der Details im Rahmen des Bedeutungsfeldes »metaphysisches Elend«. Erscheint die Darstellung auf diese Weise in manchen Partien zuerst rätselhaft, gehört gerade auch das Rätsel zum Assoziationsbereich des Themas »Unbehaustheit und Elend des Menschen«.

Die Technik der »Transformation der Metaphorik« über verschiedene Stufen realistischer Gestaltung hinweg ist somit als ein charakteristisches Werkprinzip von Beckmann ausgewiesen. Ein ähnlicher Prozeß ist zum Beispiel zu beobachten in der Entwicklung des Gemäldes »Die Nacht« von 1918/19 (Kunstsammlung Nordthein-Westfalen, Düsseldorf).[3]

Damit ist die Analyse noch nicht am Ende. Der Vorgang stellt sich noch komplexer dar. Die metaphorische Verschiebung ist auch Korrektur ikonographischer Tradition: Beckmanns Darstellung der Mutter im Elend ist die Transformation eines alten figürlichen Typus: der »Caritas«.

Die »Caritas« ist die Personifikation der höchsten theologischen Tugend: der Liebe zu Gott und den

Nächsten. Als Nächstenliebe personifiziert sie sich seit der italienischen Kunst des 14. Jahrhunderts speziell in der Figur der Mutter. Seit der Renaissance wurde das Thema auch von der deutschen Malerei aufgegriffen, so in den »Caritas«-Darstellungen von Lukas Cranach.

Die Mutter hält in der traditionellen Ikonographie ein Kind im Schoß oder an der Brust, während sich weitere Kinder an sie klammern oder sich in der näheren Umgebung tummeln. In allen Variationen aber bleibt die »Caritas« Sinnbild menschlicher Geborgenheit. Erst seit dem 19. Jahrhundert gibt es vereinzelt ikonographische Neufassungen. Die Mutter erscheint dabei in bedrängender Not und kann im Elend sogar – wie im Gemälde »Faim, Folie, Crime« des belgischen Malers Antoine Wiertz (Beckmann sah das Bild 1915 in Brüssel)[4] zur Mörderin ihrer Kinder werden.

Derartige Transformationen des geläufigen »Caritas«-Typus hat Beckmann 1922 in seiner Lithographie auf einen gesellschaftspolitischen Begriff gebracht: »Caritas« in der Not erscheint als Proletarierin in der Dachkammer, womit ein Doppeltes sich aussagt. Einmal: Es ist übel bestellt mit der Caritas in der Gegenwart (sie leidet Not). Und zugleich: Die Tugend der Caritas ist nicht mehr aufgehoben bei den Reichen, sondern nur noch bei den Armen. Die transformierte Figur der »zeitgenössischen Caritas« ist in Beckmanns Lithographie so immer noch Gestalt der Hoffnung: Die menschlichen Werte sind in Not, aber noch von Teilen der Gesellschaft bewahrt.

In Beckmanns Zeichnung der Greisenmutter gibt es diese Hoffnung nicht mehr. Aus der »Caritas im Elend« ist eine »elende Caritas« geworden. Es hat also eine weitere ikonographische Transformation stattgefunden: Die »Caritas« hat sich mit der Figur der »Paupertas«, der Armut, verbunden, wie sie – weniger verbreitet – in der mittelalterlichen Ikonographie im Typus der alten, ausgezehrten Frau in armseliger Kleidung Verkörperung fand.

Lithographie und Zeichnung stehen somit auf den ersten Blick in offenem Widerspruch zueinander. Wird hier eine fortschreitende biographische Desillusionierung bei Beckmann sichtbar? Schon das gemeinsame Entstehungsjahr spricht gegen eine solche alternative Wertung beider Werke.

Der Widerspruch löst sich auf, wenn man beide Blätter nicht einzeln als statische Alternativen begreift, sondern wenn man sie zusammensieht als die Darstellung eines Prozesses. So verstanden, zeigen Lithographie und Zeichnung Schritt für Schritt die drohende Verelendung der höchsten Tugend menschlichen Zusammenlebens bis hin zur Hoffnungslosigkeit. Die Transformation der Metaphorik und der Wechsel von veristischem zu transzendent-realistischem Stil erhellen sich nun ebenfalls als Mittel prozesshafter Darstellungsweise. Es gibt – speziell bei Beckmann wie auch allgemein – keinen normativen realistischen Stil, sondern Realismus ist Reagens auf die reale menschliche Situation und somit von seinem Wesen her transformationsfähig.

Die von Beckmann in seinen beiden Darstellungen der Mutter im Elend vorausgedeutete Entwicklung wurde 1933 Wirklichkeit. Der Nationalsozialismus machte mit der Caritas »kurzen Prozess«. In dieser Situation hoffnungsloser Deshumanisierung blieb Beckmann – nur konsequent – nur noch eine, nämlich transzendent-realistische, künstlerische Möglichkeit der Gestaltung.

1 Werkverzeichnis Gallwitz Nr. 184.
2 Werkverzeichnis von Wiese Nr. 485.
3 Werkverzeichnis Göpel Nr. 200. Zur Entstehungsgeschichte des Gemäldes »Die Nacht« vgl. die Ausführungen des Vfs. in »Max Beckmanns zeichnerisches Werk 1903–1925«, Düsseldorf 1978, S. 152–164.
4 Vgl. M. B. »Briefe im Krieg« (Brief v. 17. 4. 1915), München 1955 S. 36 f.

Max Beckmann in Berlin-Hermsdorf
im Hintergrund: „Untergang der Titanic" und „Totenklage"

Biographische Daten

1884 in Leipzig geboren.

1894 Tod des Vaters, Übersiedlung nach Braunschweig. Schulbesuch in Braunschweig, Gandersheim und Falkenburg/Pommern.

1900 Nach Ablehnung in Dresden Aufnahme in die Kunstschule in Weimar (dort bis 1903)

1903/4 Reise nach Paris, Amsterdam, Paris, Genf.

1904 in Berlin.

1906 Tod der Mutter. Ausstellungen in der Berliner Secession und im Künstlerbund Weimar. Villa Romana-Preis. Heirat mit Minna Tube. Reisen nach Paris und Florenz.

1907 Ausstellung in Weimar.

1908 Reise nach Paris. Geburt des Sohnes Peter.

1908—14 Künstlerische Erfolge in Berlin.

Martin Tube meint, es gibt Krieg ... Wir werden einig, daß es für unsere heutige ziemlich demoralisierte Kultur gar nicht schlecht wäre, wenn die Instinkte und Triebe alle wieder mal an ein Interesse gefesselt würden (9. 1. 1909)

Kleines Selbstbildnis, R. 1912 (?)

Selbstbildnis, R. 1914

Selbstporträt mit Hut,
Z. 1914

Selbstbildnis mit Griffel,
R. 1917

Selbstbildnis von vorn,
R. 1918

Selbstporträt beim Zeichnen,
Z. 1917

1913 Die erste Monographie über Beckmann erscheint.

1914 Als freiwilliger Krankenpfleger nach Ostpreußen. Später nach Flandern (Seuchenlazarett in Courtray, Zeuge der ersten Chlorgasangriffe bei Ypern) und Straßburg.

Hoffe in zirka vierzehn Tagen nach Rußland mitzukommen ... Ich hoffe noch viel zu erleben und bin froh (14. 9. 1914).

Für mich ist der Krieg ein Wunder, wenn auch ein ziemlich unbequemes. Meine Kunst kriegt hier zu fressen. Schade, daß unser guter Garten so gelitten hat (18. 4. 1915).

Ich würde mich durch sämtliche Kloaken der Welt, durch sämtliche Erniedrigungen und Schändungen hindurchwinden, um zu malen. Ich muß das. Bis auf den letzten Tropfen muß das, was an Formvorstellung in mir lebt, raus aus mir, dann wird es mir ein Genuß sein, diese verfluchte Quälerei loszuwerden (26. 4. 1915).
Heute war ich also das erste Mal wirklich an der Front ... Ich habe eigentlich wenig Angst gehabt, ein seltsam fatalistisches Gefühl von

Sicherheit umgab mich, so daß ich ruhig zeichnen konnte, während nicht allzu weit von mir Schwefelgranaten einschlugen, und sich die giftig gelben und grünen Wolken langsam vorbeiwälzten (28. 4. 1915).
Es ist ein wildes, fast böses Lustgefühl, so mitten zwischen Tod und Leben stehen (4. 5. 1915).

Radikaler Wechsel der Themen und der Stilmittel unter dem Eindruck des Krieges.

1915 Im Oktober nach einem Nervenzusammenbruch aus dem Kriegsdienst entlassen. Neubeginn in Frankfurt/Main, wo er bis 1933 lebt.

1916 »Briefe aus dem Kriege« publiziert von Paul Cassirer in Berlin.

1917 Ausstellung der neuen Grafik bei J. B. Neumann in Berlin.

Der Krieg geht ja nun seinem traurigen Ende zu. Er hat nichts von meiner Idee über das Leben geändert, er hat sie nur bestätigt. Wir gehen wohl einer schweren Zeit entgegen. Aber gerade jetzt habe ich fast noch mehr als vor dem Krieg das Bedürfnis, unter den Menschen zu bleiben. In der Stadt. Gerade hier ist jetzt unser Platz. Wir müssen teilnehmen an dem ganzen Elend, das kommen wird ... Vielleicht wird ... durch verringerte Geschäftstüchtigkeit, vielleicht sogar, was ich kaum zu hoffen wage, durch ein stärkeres kommunistisches Prinzip, die Liebe zu den Dingen um ihrer selbst willen größer werden ... (1918).

»... Gegenbild zur Genie-Attitüde expressionistischer Selbstporträts. Der bohrende Blick ist nicht »seherisch« in irgendwelche unbestimmte Weiten gerichtet, sondern angespannt auf das Spiegelbild geworfen ... Die Linke zeigt auf einen bestimmten Punkt der Zeichnung und verweist damit demonstrativ, daß es hier nicht auf die »flotte Geste« ankam, sondern daß Strich für Strich Realität »an der Sache« nachgeprüft wurde; daß die Umsetzung der Naturform in die Kunstform ein Prozeß der Arbeit und Erkenntnis ist« (Stephan von Wiese, 1978).

Selbstporträt beim Zeichnen, Z. 1915

Nicht als Bohémien, nicht mit den Attributen des Künstlers stellt sich Beckmann hier dar, sondern als Bürger, der Wirklichkeit ins Auge sehend, eingespannt zwischen die Metaphern von animalischer Lebenskraft (Katze) und Vergänglichkeit (Petroleumlampe).

Selbstbildnis mit steifem Hut, R. 1921

1922 Ausstellung bei P. Zingler in Frankfurt/M. Teilnahme an der Biennale in Venedig.

1924 Publikation über Beckmann mit Beiträgen von Curt Glaser, Julius Meier-Graefe, Wilhelm Fraenger, Wilhelm Hausenstein (Piper, München).

1925 Ausstellung bei Paul Cassirer in Berlin. Scheidung der Ehe mit Minna Tube, Heirat mit Mathilde von Kaulbach. Übernahme eines Lehramtes an der Städelschen Kunstschule in Frankfurt. Teilnahme an der Ausstellung »Neue Sachlichkeit« in der Mannheimer Kunsthalle.

1926 Ausstellung bei J.B. Neumann in New York.

1927 Große Ausstellungen in der Mannheimer Kunsthalle, in der Galerie Flechtheim, Berlin, und in der Galerie Günther Franke, München.

1929—32 Während der Wintermonate in Paris.

1930 Ausstellungen in Basel und Zürich. Teilnahme an der Biennale in Venedig.

Großes Selbstbildnis, R. 1919

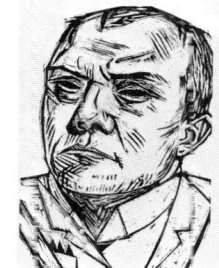

Selbstbildnis, H. 1922

Selbstbildnis, R. 1918

Selbstbildnis mit Katze und Lampe, L. 1920

1931 Ausstellungen in Paris, Brüssel, Hannover.

1933 Entlassung aus dem Frankfurter Lehramt. Übersiedlung nach Berlin. Beckmanns Bilder werden aus deutschen Museen entfernt.

1937 Emigration am Tage nach der Eröffnung der Ausstellung »Entartete Kunst« in

31

Selbstbildnis, Z. 1936

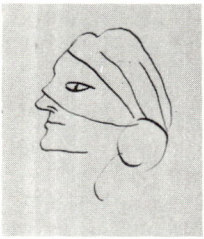

Kopf und Maske (Selbstbildnis), Z. 1940er Jahre (?)

Selbstbildnis, L. 1946

München, in der er mit mehreren Werken vertreten ist. Niederlassung in Amsterdam.

1938 Erste von zehn Ausstellungen bei C. Valentien in New York. Vortrag in London anläßlich der Eröffnung einer Ausstellung deutscher Kunst des 20. Jahrhunderts in den New Burlington Galleries (Protestausstellung gegen die Nazi-Kunstpolitik).

1938/39 Wintermonate in Paris.

1939 Berufung als Lehrer in die Vereinigten Staaten, der Beckmann wegen des Kriegsbeginns nicht folgen kann.

1946 Erste Ausstellung nach dem Krieg bei Günther Franke in München.

1947 Übernahme eines Lehrauftrags an der Kunstschule der Washington Univversity in St. Louis.

Sah die alten Welten langsam zerbrechen und in die neue Kasernenwelt, die sich entwickelt, passe ich nun einmal nicht mehr hinein. Das Schwierigste ist nur, wie kommt man von Bord. – Es ist traurig, so langsam vom Schicksal zertreten zu werden, aber enfin, habe ich nicht seit Jahren mich um die Sichtbarmachung des Scheins und der Unwirklichkeit bemüht, als daß ich Angst vor dem Erwachen haben sollte? (6. 5. 1940). Todesangst? Mais oui – und auch ein etwas groteskes Gefühl wie eine fast fremde Verantwortlichkeit für das in mir vorhandene positive Element. Die letzte Position war völlige Verzweiflung an irgend einen Sinn der Welt (22. 9. 1944).

Schlechte Stimmung. Rutsch in den Abgrund doch ziemlich sicher. Es geht – es rutscht – nur langsam. Kalte Bomben-Vernichtung von fünf Jahren Arbeit – all das steht in rosiger Klarheit für die Zukunft – und ein völlig zerstörtes Europa (27.9.1944). Na ja meine erste Etappe des neuen Weltfriedens. –

Vor mir liegt wahrhaft neues und unerschlossenes Land und ich habe ein Boot hineinzufahren. Wenn mir im letzten Moment nicht noch ein Ziegelstein oder Bombe auf den Kopf fällt – Vita nuova – novo cento ?!? (28. 4. 1945).

Mein Gott – 62 Jahre – noch immer da, mit Erfolgen in New York, einem überstandenen Weltuntergang und mit viel hilflosem Kraftüberschwang. Nur nicht zu viel denken mein Lieber, das ist noch immer Deine größte Gefahr (17. 6. 1946).
Noch immer kann ich mich nicht zurecht finden in der Welt, die gleiche maßlose Unzufriedenheit wie vor 40 Jahren erfüllt noch mein Herz, nur daß durch das langsame Alter alle Sensationen zusammenschrumpfen und das triviale Ende – der Tod – langsam näher tritt. Ich wollte ich hätte mehr von der phantasielosen Unbekümmertheit der Spießer um mich herum (17. 9. 1946). Seit 20 Jahren in fast immer schlimmster Verteidigung und Fluchtstellung. Das sollte mal einer aushalten (27. 9. 1946).

New York ist wirklich
großartig, nur stinkt es eben
nach verbranntem Fett, wie
die Braten des erschlagenen
Feindes bei den Wilden.
Aber trotzdem – doll, doll,
doll – Babylon ist ein Kinder-
garten dagegen und der
Babylonische Turm wird hier
zur Massenerektion eines
ungeheuerlichen (sinnlosen?)
Willens. Also mir sympa-
thisch (9. 9. 1947).

Viele meiner Mitlebenden
sind – mehr oder minder
freiwillig schon hinter den
»eisernen« Vorhang getreten
– und ich bin noch immer da
– um unnötiges Fragen
immer weiter durch die Illusion von Zeit und Raum zu
tragen (28. 10. 1948).

Vielleicht kommt man noch-
mal in Ordnung. Eine Menge
Steine sind ja aus dem Weg
geräumt und eigentlich nur
noch Geldsorgen, – »nur
noch« – na, einige Wunder
müssen noch geschehen
(25. 1. 1949).

Schlechte Corea Nachrichten
verdüstern weiter die Stimmung und trübe Ahnungen
bedrängen meine Nerven.
Warum erhält und pflegt man
seinen Corpus, damit er
möglichst alt und gebrechlich
womöglich noch die letzte
Bankrotterklärung dieser
Erdangelegenheit miterlebt
und endgültig alles auf Ter-
mitenniveau herabsinkt.
Gewiß, etwas wirklich
Erderlösendes ist kaum zu
hoffen, aber wenigstens blieb
uns der Protest gegen den
»scheinbaren« Wahnsinn des
Cosmos. – Das war das Letzte
womit man seine Existenz
noch einigermaßen recht-
fertigen – und mit dem man
noch leben konnte . . .
(12. 7. 1950).

1948 Ausstellungen in St.
Louis, Los Angeles, Detroit,
Baltimore, Minneapolis. Gast-
vorlesungen in New York,
Boston, St. Louis, Oakland,
Boulder. Angebote, im west-
lichen Deutschland ein Lehr-
amt zu übernehmen, schlägt
Beckmann aus; deutschen Bo-
den wird er nie mehr betreten.
Reise nach Holland.

1949 Beginn der Lehrtätigkeit
an der Brooklyn Museum Art
School.

1950 Ehrendoktor der Washington University, St. Louis.
Beckmann-Ausstellung im
deutschen Pavillon der Biennale in Venedig.
Max Beckmann stirbt am 27.
Dezember 1950 in New York.

Selbstbildnis, Z. 1943

Die Zitate stammen aus: Max
Beckmann, Leben in Berlin.
Tagebuch 1908/09, München
1966; Max Beckmann, Briefe
im Kriege, Berlin 1916; Max
Beckmann, Bekenntnis, in:
Schöpferische Konfession,
Berlin 1920 (Text geschrie-
ben 1918); Max Beckmann,
Tagebuch 1940–1950,
München 1955

Max Beckmann in Frankfurt, 1917

Wittenbergplatz, L. 1911

Kneipen, Jahrmarkt, Prostituierte, Straßensituationen – das sind Beckmanns vorrangige Themen in der Grafik zwischen 1912 und 1914. Zuvor – 1909/11 – waren fast ausschließlich Blätter mit mythologischen und biblischen Motiven entstanden

35

Admiralscafé, L 1912

Café und Straße sind für viele Künstler zu Beginn des Jahrhunderts – vor allem für die Expressionisten – Orte der Entfremdung des Menschen.

1888 schrieb van Gogh zu seinem »Nachtcafé«: »Ich versuchte auszudrücken, daß das Café ein Ort ist, wo man verrückt werden und Verbrechen begehen kann.« Bei der atmosphärischen Darstellung von Alltagsszenen lehnt sich Beckmann in seiner Frühzeit vor allem an Liebermann an.

Ludwig Meidner, Caféhaus, 1914 (Ausschnitt)

Ulrikusstraße in Hamburg, L. 1912

Beckmanns Interesse richtet sich auf Außenseiter der Gesellschaft, die zugleich typische Gestalten des Großstadtlebens und Identifikationsfiguren für das eigene Künstlersein sind. Beckmann sieht nicht den Glanz und das Vergnügen sondern die Vereinsamung, die Traurigkeit: Rückseiten

Beckmann ist um 1912 mehrfach nach Hamburg gefahren, um im Prostituiertenviertel zu zeichnen.

E. L. Kirchner, Kokotte mit Hund, 1912 (Ausschnitt)

Bordell in Hamburg, R. 1912

Zum erstenmal finden sich
hier bei Beckmann der
scharfe Zugriff und der
abrupte Wechsel von
Schwärzen und Helligkeiten,
die von nun an sein grafi-
sches Werk kennzeichnen.
Wohl um dieses aggressiven
Umsetzungsverfahrens willen
wechselt er vom Litho zur
Radierung.

Die Vergnügten, R. 1912

Die Kriegserklärung, R. 1914 (?)

Hinweise wie dieser auf
Meidner sollen hier nicht dazu dienen, künstlerische Ab-
hängigkeiten vor Augen zu
führen. Sie sollen vielmehr
demonstrieren, daß andere
Künstler zur gleichen Zeit
von denselben Ereignissen
und von ähnlichen Motiven
bewegt wurden und daß das
Prinzip der entlarvenden
Überspitzung gang und gäbe
war.

Ludwig Meidner, Am Vorabend
des Krieges, 1914

Kleine Operation, R. 1914 (?)

»Vermutlich erlebte der Maler damals zum erstenmal jene eigentümliche Polarisierung, in der aufs äußerste angespannte Sensibilität die Realitätserfahrung einerseits steigert, im gleichen Zuge aber auch auflöst, weil das Erfahrene, obwohl sinnlich erlitten, gleichwohl menschlich nicht faßbar ist und damit alle Orientierungsrahmen sprengt« (Friedhelm W. Fischer, 1976).

Große Operation, R. 1914 (?)

»Es handelt sich ja nicht darum, daß ich gewissermaßen
als Historiker die Angelegen-
heit mitmache, sondern daß
ich mich selbst in dieser Sache einlebe ... Und genau so,
wie ich ungewollt und ge-
wollt der Angst, der Krank-
heit und der Wollust, Liebe
und Haß bis zu ihren äußersten Grenzen nachgehe – so
versuche ich es jetzt eben mit
dem Kriege« (MB 24. 5. 1915).

»Welttheater – Großes Schauspiel des Lebens« lautet die Inschrift: Sarkasmus aus Erschütterung. Mit fahrigen Strichen wird das schwer faßbare Grauen vor Ort festgehalten nervös und dennoch überscharf.

Mann mit Krücke im Rollstuhl, Z. 1914

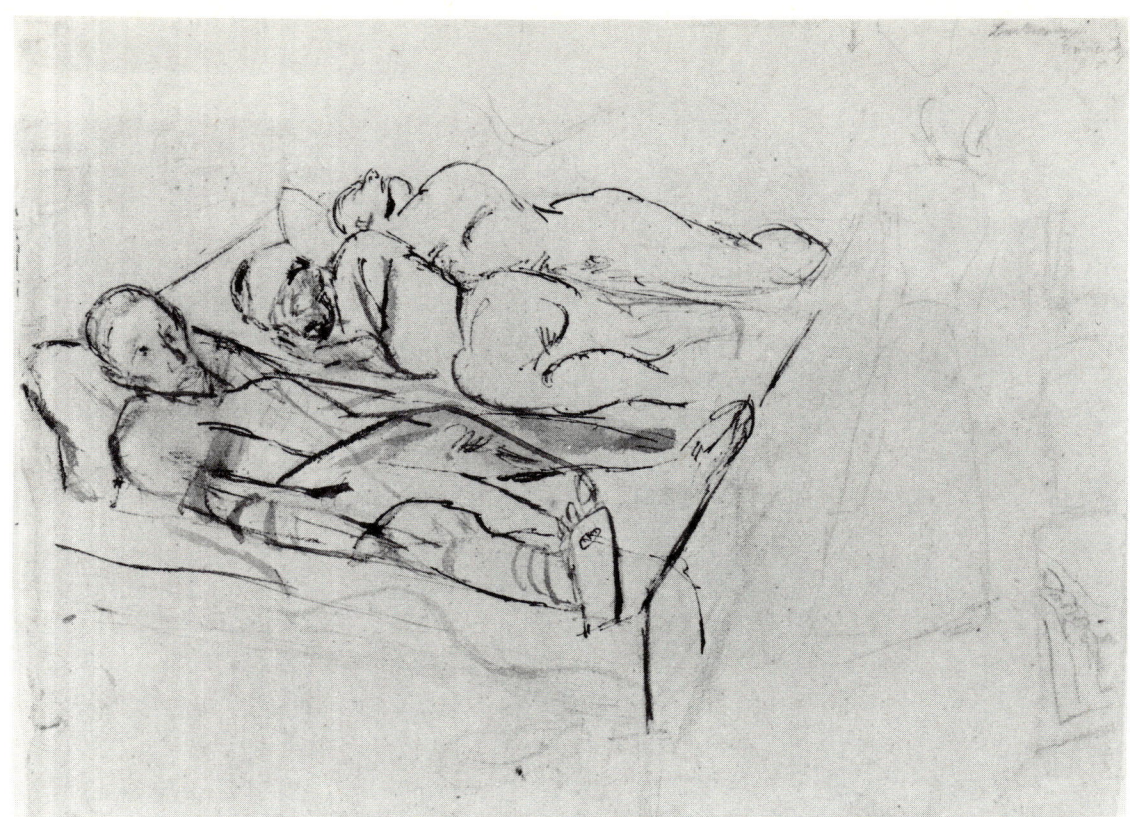

Lazarett, Z. 1914

»Viele von diesen gegen-
ständlichen Details werde ich
nicht brauchen können, aber
allmählich sickert einem
doch die Atmosphäre ins Blut
über und gibt mir die Sicherheit zu den Bildern, die ich
eigentlich schon vorher im
Geiste gesehen habe ... düste-
re Grüße der Ewigkeit, und
als solche werde ich sie später malen« (MB 28. 4. 1915).

Großer Operationssaal, Z. 1914

Bruchstellen deuten sich an:
Wechsel der Blickpunkte und
der Perspektive. Dokument
psychischer Zerrüttung oder
bewußt eingesetztes Bildmit-
tel?

Erste Notiz für die Radierung »Die Nacht« von 1914. Weitere Skizzen dazu befinden sich als Leihgabe im Art Institute of Chicago.

George Grosz, Mord, 1912/13 (Ausschnitt)

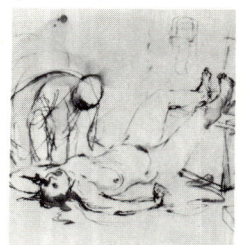

Oskar Kokoschka, Zeichnung zu »Mörder, Hoffnung der Frauen« 1910

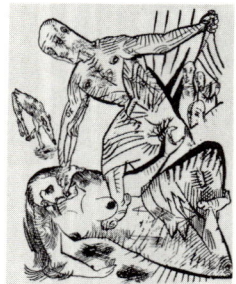

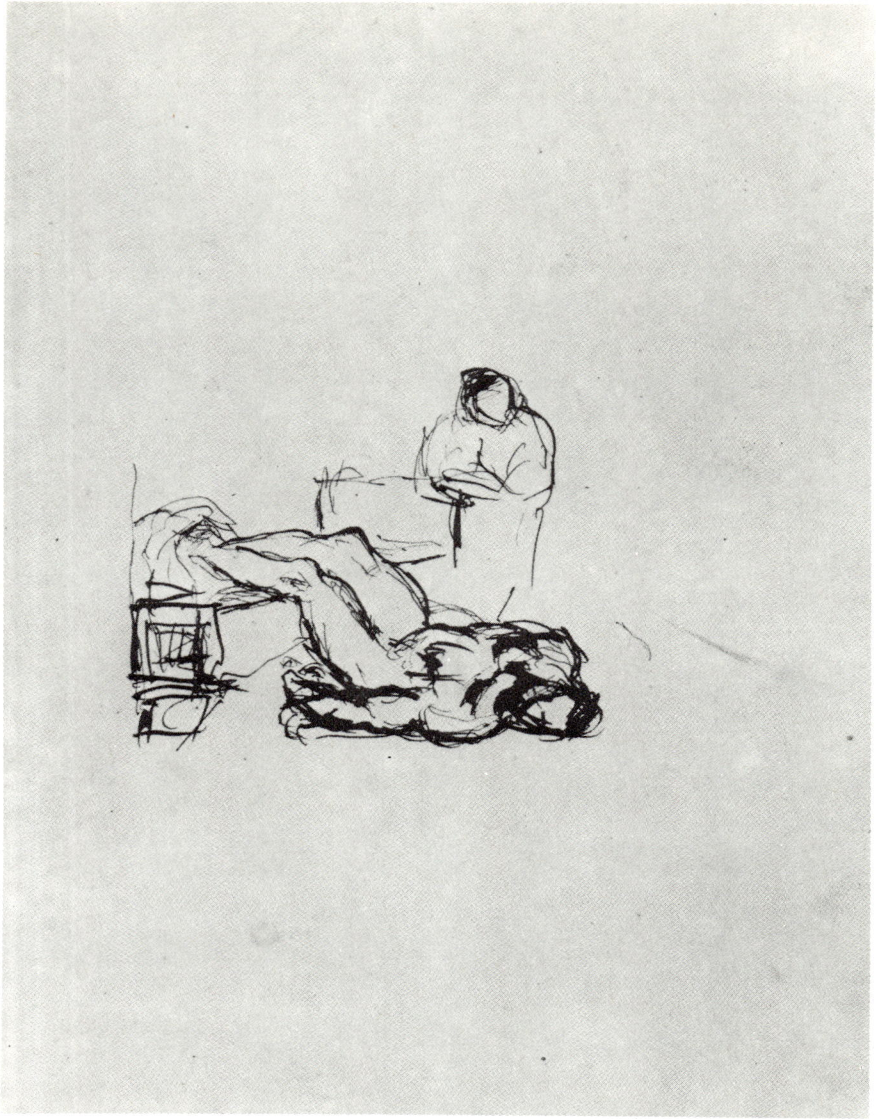

Rücklings aus dem Bett gestürzter Mann, Z. 1912

Die Nacht, R. 1914

Zwei Täter vor ihrem Opfer, rechts eine Komplizin. Der Perspektivwechsel hat mit den Operationsdarstellungen aus dem Krieg zu tun, das Mordmotiv und der Mann mit der Schirmmütze weisen voraus auf das Gemälde »Die Nacht« (1918/19), nach dem eine Radierung entstanden ist (Abb. S. 77).
Bei Grosz und Kokoschka (Abb. auf der gegenüberliegenden Seite) steht das Lustmord-Motiv im Zentrum, bei Beckmann das schicksalhafte Eingreifen unkenntlicher Kräfte.

Das Leichenschauhaus, R. 1915

In diesem zentralen Werk
der Frühzeit schlägt sich Er-
fahrung mit Welt (das ist hier
der Krieg) nicht mehr nur im
Motiv, sondern auch in der
Bildorganisation und -struk-
tur nieder. Die Zentralper-
spektive ist aufgegeben: Ausdruck einer zusammenge-
stürzten Welt, eines zerbro-
chenen Weltbildes.

»Ich habe gezeichnet, das sichert einen gegen Tod und Gefahr« (MB 3. 10. 1914): in der produktiven Reaktion arbeitet Beckmann etwas von dem ab, was als Belastung auf ihn kommt. Seine Mittel: Montage, Maßstab- und Perspektivwechsel, Flächendeckung, Drastik im Detail.

George Grosz, Die Granate, 1915

Ludwig Meidner, Die Granate, 1915 (Ausschnitt)

Die Granate, R. 1915

Entstanden ist diese Zeichnung in Wervik, wo Beck-
mann die Aufgabe hatte, ein
Wandbild für eine Militärba-
deanstalt zu malen. Wenige
Tage zuvor – am 30. 3. 1915;
die Zeichnung ist am 6. 4.
1915 datiert – hatte Beckmann geschrieben: »Ich habe
meinen Plan, ein orientali-
sches Bad zu malen, aufgegeben, ich male nun, was um
mich herum ist«.

Landsturmmann Ernst Pflanz, Z. 1915

»Ich habe versucht, gleich direkt alles Wesentliche auszudrücken, aber immer wieder im Kontakt mit der Sachlichkeit«, äußert Beckmann 1915 im Zusammenhang mit einem Selbstporträt.

Porträt eines Soldaten mit Zigarre, Z. 1915

Bei Kriegsausbruch meldet sich Beckmann freiwillig zum Sanitätsdienst. Erst in Ostpreußen, dann in Flandern erlebt er die Greuel des Krieges, abgestoßen und angezogen: »Heute früh war ich an der staubigen, weißgrauen Front und sah wunderbare verzauberte und glühende Dinge ... ganz nackte Menschen mit Waffen und Verbänden. Alles aufgelöst. Taumelnde Schatten. Prachtvoll rosa und aschfarbene Glieder mit dem schmutzigen Weiß der Verbände und dem düstern, schweren Ausdruck des Leidens« (8. 6. 1915).

George Grosz, Gefangen, 1915

Gefallene Soldaten, L. 1914

52

Inschrift auf den Abzügen eines früheren Zustandes: »Mein lieber Schwager und Freund Martin Tube Hauptmann. Compagniechef im Infanterieregiment 59. Verwundet bei Tannenberg im August wieder zur Front am 15. September gefallen bei ... ord am 11. Oktober«

Erich Heckel,
Zwei Verwundete, 1914

Bildnis des verwundeten Schwagers Martin Tube, L. 1914

Fabelwesen und Totenköpfe, mit Sektgläsern anstoßend, Z. 1914

Wohl an der Jahreswende
1914/15 ist dieses Blatt entstanden, das, an Ensor erin-
nernd, motivisch wie formal
die tiefe Verzweiflung Beckmanns im Krieg bezeugt.

Soldatenbad – duschende Soldaten, Z. 1915

Max Beckmann, seinen Abstand zum Expressionismus formulierend: »Ich hoffe allmählich immer einfacher zu werden, immer konzentrierter im Ausdruck, aber niemals, das weiß ich, werde ich das Volle, das Runde, das lebendig Pulsierende aufgeben, im Gegenteil, ich möchte es immer mehr steigern – das weiß Du, was ich mit gesteigerter Rundheit meine: keine Arabesken, keine Kalligraphie, sondern Fülle und Plastik« (16. 3. 1915).

Gesellschaft, R. 1915

Dargestellt sind Mitglieder
der Familie Battenberg und
v. Braunbehrens. Bei Ugi
Battenberg, den er aus der
Weimarer Studienzeit kannte,
fand Beckmann Unterschlupf,
als er, 1915 nach einem Nervenzusammenbruch vom Mi-
litär entlassen, nach Frankfurt ging. Lili v. Braunbehrens schrieb die Gedichte,
die Beckmann 1920 illustrier-
te (»Stadtnacht« – siehe
S. 83 ff).

Nicht Deformationen, sondern erhöhter Blickwinkel und ungewöhnliche Kopfansichten sind es in diesem Blatt, die den Eindruck von Fratzenhaftigkeit und Verzerrung hervorrufen.

Fliegerbeschießung, R. 1915

Mitternacht (»Gesichter«, Bl. 8), R. 1916

Theater und Karneval wer-
den Beckmann in der Folge-
zeit noch häufig beschäftigen,
das in eine groteske Maske
Schlüpfen, die Demaskierung
des Menschen durch seine
Maskierung.

James Ensor, Masken begegnen
dem Tod, 1888 (Ausschnitt)

Café, R. 1916

»Huh, dieser unendliche
Raum, dessen Vordergrund
man immer wieder mit etwas
Gerümpel anfüllen muß, damit man seine schaurige Tiefe nicht so sieht ... Dieses
grenzenlose Verlassensein in
der Ewigkeit. Dieses Allein-
sein« (24. 5. 1915).

Ludwig Meidner, Bohèmerei,
1915

Dieses Blatt wirkt wie ein Pendant zur Mordszene von 1914 (»Die Nacht«). Die abfallende Schräge, das stellenweise Aussetzen der Verjüngung, das Versacken der Köpfe deuten eher auf eine Atmosphäre der Brutalität hin als auf eine Atmosphäre der Zuneigung und der Zärtlichkeit.

Liebespaar, R. 1916

Dieses Blatt, Beckmann im Kreis der Battenbergs darstellend, erschien 1919 in einer Mappe mit 19 Radierungen (aus den Jahren 1915 bis 1919) unter dem Titel »Gesichter«; ursprünglich sollte der Titel, genauer auf Beckmanns Intentionen hinweisend, »Welttheater« heißen.

Der Abend, Selbstbildnis mit den Battenbergs (»Gesichter«, Bl. 10), R. 1916

Prosit Neujahr (»Gesichter«, Bl. 17), R. 1916

»Die fürchterliche Katzen-
musik eines Sylvesterspekta-
kels gellt weniger in den
barbarischen Blasinstrumen-
ten der betrunkenen Bande
als in den spitzwinkligen
Brechungen der Linien, in
der bizarren Füllung der Fläche, in der heftig dissonie-
renden Abfolge merkwürdig
umrissener schwarzer
Flecken und heller Lichter«
(Curt Glaser, 1924).

Straße II, R. 1916

Max Beckmann,
Selbstbildnis, 1901

»In solchen Sprengungen der festen Raumeinheit, der Auflösung der Komposition, in der Herabwertung der menschlichen Gestalt zur seelenloser Larve, drücken sich leidvolle Erschütterungen aus, welche Beckmann widerfahren sind. Diese überreizten Formen sind Sinnbild des eigenen Schrekkens, seines Entsetzens über die Entstellungen der Menschenform, wie sie ihm täglich auf der Straße begegnen ..; seines Abscheus über das feist gemästete Behagen, das sich bei schmetternden Musiken in den Bars vergnügt«
(Wilhelm Fraenger, 1924).

Solche ennuierten, sich ge-
genseitig an Desinteresse
übertreffenden Bürgersleute
hat Daumier mit Vorliebe
dargestellt. Man könnte meinen, mit diesen Karikaturen
sei es Beckmann – im Jahr
der Revolution – um den un-
aufhaltsamen Untergang des
selbstgefälligen Bürgertums
gegangen.

Die Gähnenden (»Gesichter«, Bl. 7), R. 1918

Die Kantigkeit der Flächen und das heftige Aufeinandertreffen der Linien und Schraffuren, Kennzeichen der Beckmannschen Radierungen nach dem Kriegserlebnis, finden ihre Analogie in der Körpersprache: kaum jemals sind die Gesten vermittelnd; sie versperren Gesichter, ergreifen Besitz, drücken Angst aus, Knebelung und Zerrüttung.

Egon Schiele, Posenfoto, 1914

Schlafende, R. 1917

65

Die Figuren verschiedener Maßstäblichkeit sind – wie in mittelalterlichen Schnitzaltären – aufgetürmt, so als sollten sie das »finstere schwarze Loch« verschließen. Im Horror vacui entblößt sich das gesellige Treiben als Entfremdung. Der Künstler (links unten) ist der Zeuge, abgewandt sich an den Kopf greifend, mit verbundenen Augen, rauchend: wissend und blind (so der Titel einer Radierung mit Selbstporträt von Hubbuch aus dem Jahr 1922).

George Grosz, Nachtkaffeehaus, 1917

Cafémusik (»Gesichter«, Bl. 9), R. 1918

Irrenhaus (»Gesichter«, Bl. 3), R. 1918

»So ist im wahrsten Sinn des
Wortes die Welt ein Narren-
haus« schreibt Beckmann am
24. 8. 1946 ins Tagebuch. Um
nichts anderes geht es in diesem Blatt: das Irrenhaus als
Metapher für eine aus dem
Lot geratene Welt.

Mainlandschaft (»Gesichter«, Bl. 6), R. 1918

In einer Vorzeichnung, offenbar vor der Natur entstanden, ist Beckmann genauer auf die topografischen Details des Mainufers in Frankfurt eingegangen; eine zweite Zeichnung, wohl im Atelier entstanden, dürfte die Vorarbeit für diese Radierung sein.

Landschaft mit Ballon (»Gesichter«, Bl. 14), R. 1918

Solche Landschaften sind sel-
ten in Beckmanns Grafik. Sie
friedlich nennen, hieße die
Kurvaturen und das Schwan-
ken der Formen übersehen,
die ähnlich wie bei van Gogh
von der Labilität des Welt-
verhältnisses sprechen.

Max Beckmann, 1921

18/75

Beckmann

Selbstbildnis (»Die Hölle«, Titel), L. 1919

Am Anfang der großen grafischen Folgen Beckmanns steht in der Regel ein Selbstporträt. Indem er sich hier als Betroffener darstellt (aufgerissene Augen, Hände schützend vor der Brust), zeigt er an, daß ihm die Welt als Hölle erscheint. Die Erschütterungen durch den Krieg und die Erregungen in der Revolutionszeit werden hier als groteskes Welttheater vorgeführt. Außen auf der Mappe steht die Inschrift »Großes Spektakel in 10 Bildern von Beckmann. Wir bitten das geehrte Publikum näher zu treten. Es hat die angenehme Aussicht sich vielleicht 10 Minuten nicht zu langweilen. Wer nicht zufrieden ist, bekommt sein Geld zurück«.

Beckmann begegnet einem
Kriegskrüppel. Anders als
Dix spricht er von seiner
Verstrickung, so als sei der
Krüppel sein anderes Selbst.
Die Wirklichkeit wird – wie
in Robert Wienes Film »Das
Kabinett des Dr. Caligari«
aus demselben Jahr – zur
schwankenden Kulisse.

Otto Dix, Dirne und Kriegsver-
letzter (zwei Opfer des Kapita-
lismus), 1923

Der Nachhauseweg
(»Die Hölle«, Bl. 1),
L. 1919

»Hier ist alles schief und wirr durcheinander geschoben. Keiner der mannigfachen Straßengänger hat irgend festen Boden unter den Füßen. Sie treten alle auf ein leeres Ungefähr ... Die Gestalten sind auf keinen einheitlichen Größennenner gebracht. Ganz kleine Figuren wandeln im Vordergrund, während riesenhafte Köpfe hinten in dem Bilde stehn. So wird die perspektivische Beziehung von Vordergrund und Ferne umgekehrt, und alles schwankt zu einem wirren Bild seelischer Schrecknisse zusammen« (Wilhelm Fraenger, 1924).

Die Straße (»Die Hölle«, Bl. 2), L. 1919

Das Martyrium (»Die Hölle«, Bl. 3), L. 1919

In einer Äußerung von 1918
deutet Beckmann eine gewisse Sympathie für den Kom-
munismus an. Sonst ist über
sein politisches Engagement
in der Revolutionszeit nichts
bekannt. In diesem Blatt je-
doch klagt er die Ermordung
Rosa Luxemburgs vor dem
Berliner Eden-Hotel an, wobei er der Schilderung des
Vorgangs in der »Roten Fah-
ne« (12. 2. 1919) folgt. Der Titel und die Art der Erzählung
(Anspielung auf das christli-
che Martyrium) weisen darauf hin, daß hier nicht allein
das aktuelle Geschehen ge-
meint ist, sondern allgemei-
ner menschliches Erleiden.

Käthe Kollwitz, Gedenkblatt
für Karl Liebknecht, 1919

Der Beckmann-Spezialist Friedhelm W. Fischer nimmt an, daß hier wieder auf Beckmanns Verstrickung in das Zeitgeschehen angespielt wird: rechts sein Sohn Peter, in der Mitte die Schwiegermutter, links seine Frau, in Rückenansicht er selbst.

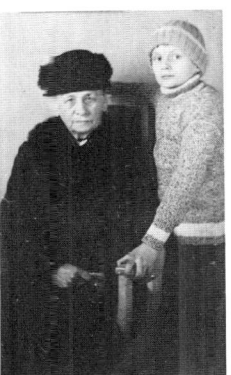

Großmutter Tube und Peter Beckmann

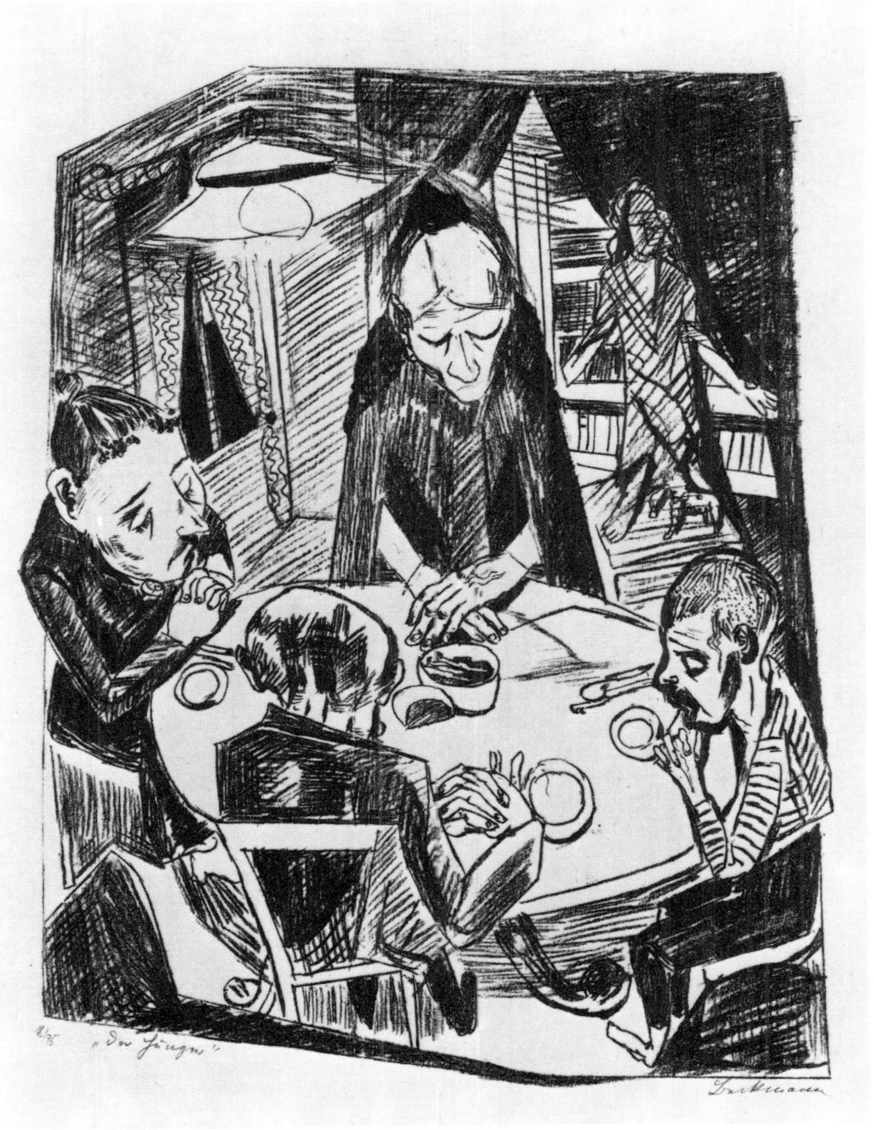

Der Hunger (»Die Hölle«, Bl. 4), L. 1919

Beckmanns Bildfiguren sind
um 1920 zusammengetrieben
wie in einem Pferch, einge-
engt, zugleich getrennt von-
einander durch spitzflächige
Versatzstücke, ohne Lebensraum, ohne Ausgänge. Teile
der Figuren und des Inven-
tars überschneiden den Bild-
rand: als drängten sie nach
vorn aus dem Bild heraus.

Die Ideologen (»Die Hölle«, Bl. 5), L. 1919

Die Nacht (»Die Hölle«, Bl. 6), L. 1919

»Brueghel, Hogarth, Goya haben alle drei die Metaphysik in der Gegenständlichkeit. Die ist auch mein Ziel. Auch bei meiner »Nacht« soll man das Gegenständliche über dem Metaphysischen vergessen ... Man soll nur die Schönheit sehn, wie auch ein Trauermarsch schön ist« (MB zu R. Piper).
Die Vorarbeiten für das Gemälde, dem dieses Litho folgt, liegen Jahre zurück (Abb. S. 46/47)

An die Stelle der Gruppie-
rung fratzenhafter Köpfe um
1916 tritt um 1919 die kom-
plexe Bilderzählung in einer
engen Raumschicht. Das formale Intrumentarium zeigt
eine aus den Fugen geratene
Welt.

Jörg Ratgeb, Herrenberger
Altar (Detail)

**Malepartus
(»Die Hölle«, Bl. 7),
L. 1919**

Die Lithos der Mappe »Die Hölle« sind ungewöhnlich groß. Bis 80 cm hoch, gleichen sie in der Erscheinung und im Anspruch Gemälden.

Das patriotische Lied (»Die Hölle«, Bl. 8), L. 1919

»Die Hölle« ist auch ein Bild
der Zeit. Eingerahmt von
persönlicher Auseinandersetzung mit den Kriegsfolgen
(»Der Nachhauseweg«) und fa-
miliärer Auseinandersetzung
mit den aktuellen Problemen
(»Die Familie«), geht es um
die sozialen Widersprüche, die
Verfolgung von Revolutionären,
die wirtschaftliche Not, die
Radikalisierung unter Intellektuellen, die Brutalität (»Die
Nacht«), das überhitzte Vergnügen, die Ewiggestrigen,
die Gegenrevolution (»Die
Letzten«).

Die Letzten (»Die Hölle«, Bl. 9), L. 1919

Oßenschung zu "Familie" 1919

»Kind seiner Zeit sein« wollte
Beckmann nach einer Äuße-
rung von 1917. Sein Verhältnis zur Wirklichkeit ist hier
angesprochen: während die
Schwiegermutter, eine Pfar-
rerstochter, sich der Auseinandersetzung verschließt,
verweist Beckmann nach
draußen, auf die Realität, die
drinnen schon ihre Spuren
hinterlassen hat: der Sohn,
behelmt, hantiert mit Spiel-
zeuggranaten.

Die Familie
(»Die Hölle«, Bl. 10),
Z. 1919

Max Beckmann in Amsterdam, 1938

»Die Stadtnacht«, das sind Illustrationen zu Gedichten von Lili v. Braunbehrens. Anders als in »Die Hölle« arbeitet Beckmann hier mit formalen Abkürzungen, die an Kinderzeichnungen erinnern. »Wie immer bei Beckmann handelt es sich nicht einfach um ein Stilmittel. Das neue Darstellungsmoment ... steht für einen neuen Anfang. Es steht in unmittelbarem Bezug zu dem Versuch, totale Ansprüche zurückzunehmen und der Welt weniger zudringlich und auf eine fragende Weise zu begegnen. Aus dieser grundsätzlich revidierten Haltung heraus entsteht dann auch die neue Aussageweise des Gleichnisses ... Sie distanziert sich in ihrer auffälligen Bescheidenheit ... vom radikalen Protest gegen die Schöpfung und schafft eine neue »Verhandlungsbasis« mit dem Unbekannten« (Friedhelm W. Fischer, 1976).

Titelblatt (»Die Stadtnacht«), L. 1920

Trinklied (»Die Stadtnacht«, Bl. 1), L. 1920

Stadtnacht (»Die Stadtnacht«, Bl. 2), L. 1920

Verbitterung (»Die Stadtnacht«, Bl. 3), L. 1920

Vorstadtmorgen (»Die Stadtnacht«, Bl. 4), L. 1920

Gelegentlich folgt Beckmann
in seinen Illustrationen den
Gedichten Lili v. Braunbehrens sehr genau, so in diesem
Fall:

»Blumen stehen vor dem
    Fenster
Und in der Ecke ein roter
    Divan,
Wo die schwarze ausge-
    franste Schlappe
Rauchend billige Romane
    frißt.
Ein bleicher langer Mensch
    schleppt Futter an,
Die blonde kleine Tochter
    dreht lächelnd am
    Grammophon;
Der alte Trichter päkert
    einen süßen Walzer,
Und Hering wird von jemand
    aufgetragen«.

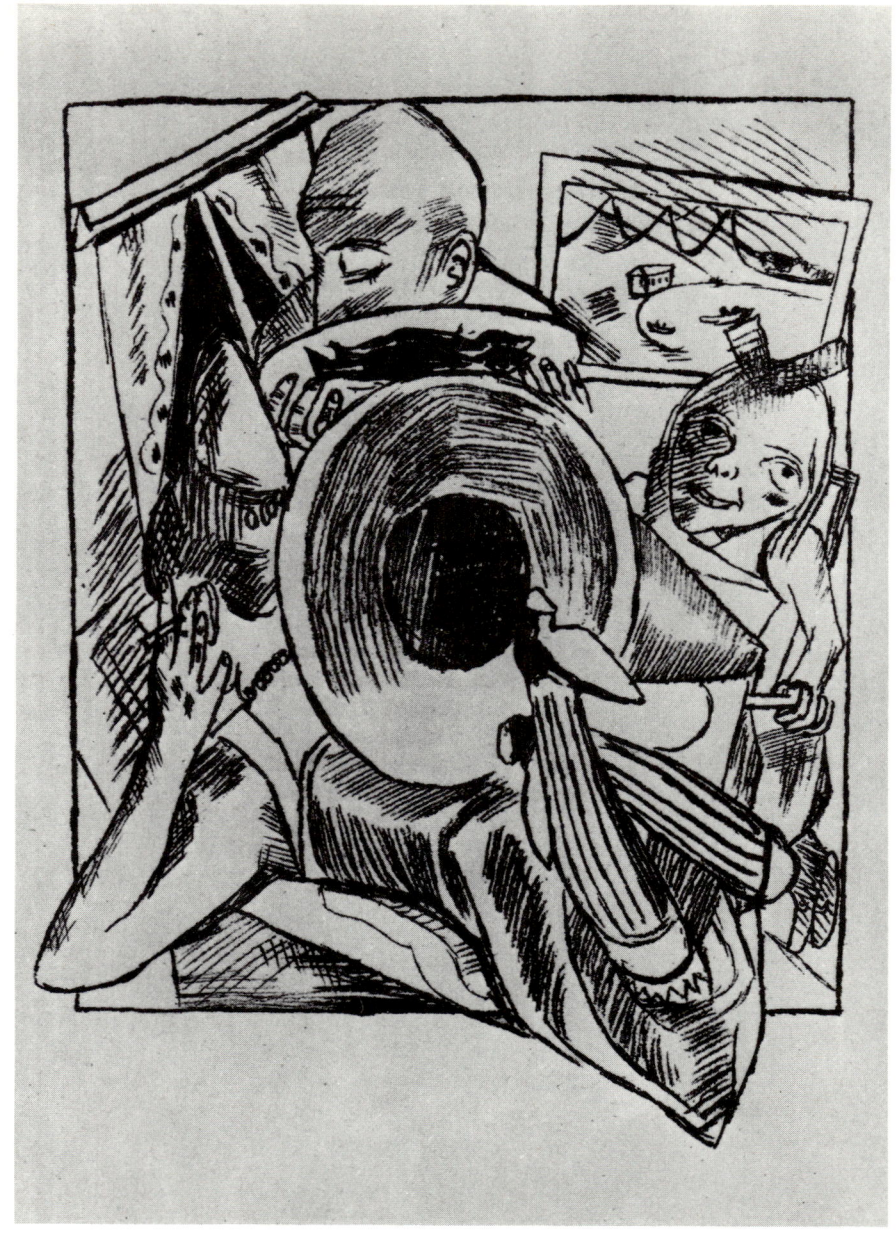

Möbliert (»Die Stadtnacht«, Bl. 5), L. 1920

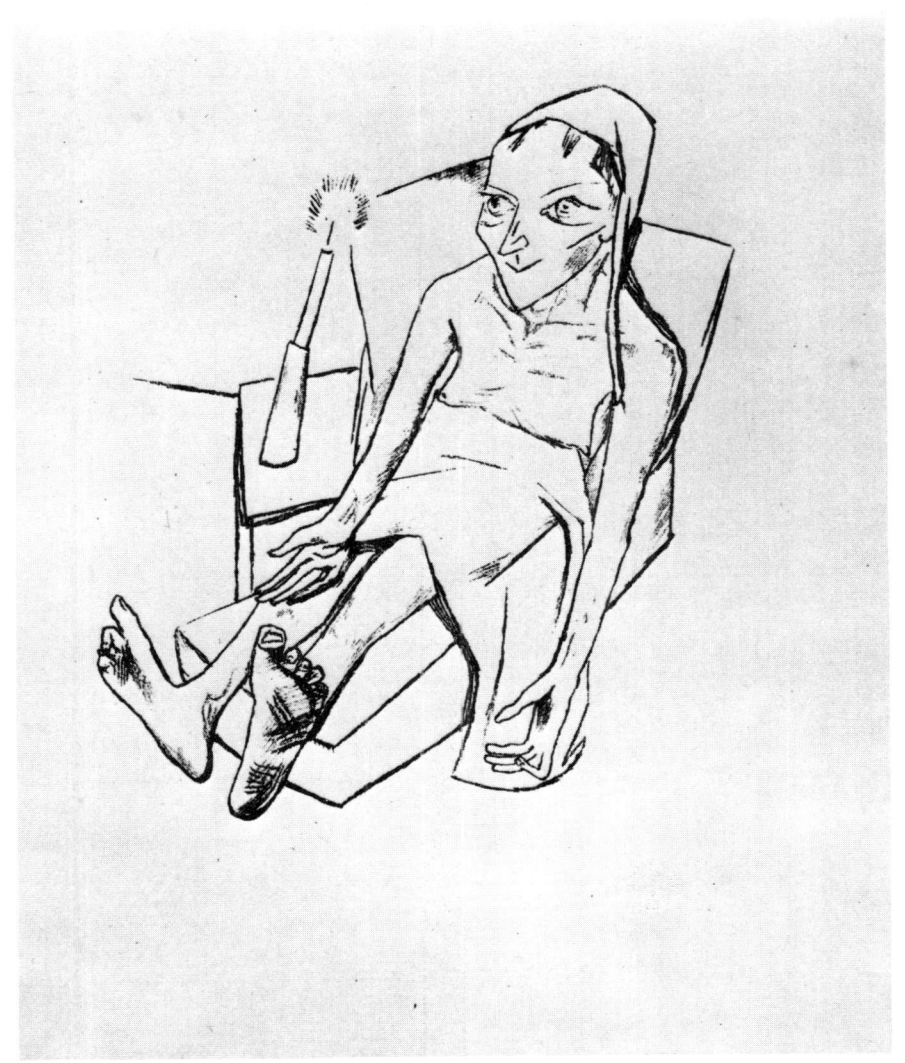

Die Kranke (»Die Stadtnacht«, Bl. 6), L. 1920

Die Radierfolge »Jahrmarkt« beginnt wiederum mit einem Selbstporträt. »...das Schild mit der Aufschrift CIRCUS BECKM hinter seinem Kopf deutet doch wohl darauf, daß er weiß, worin seine Möglichkeiten liegen: im Aufzeigen! Er hat eine Revue zusammengestellt aus Material, welches ihm das Leben bot, und fordert nun mit einer verhaltenen, aber gleichwohl dringlichen Geste zu deren Betrachtung auf« (Friedhelm W. Fischer, 1972).

Der Ausrufer (»Der Jahrmarkt«, Bl. 1), R. 1921

Garderobe (»Der Jahrmarkt«, Bl. 2), R. 1921

Hinter den Kulissen (»Der Jahrmarkt«, Bl. 3), R. 1921

Wieder dieser enge Raum,
darin 10 Figuren, hier eine
Berührung, dort ein Blick-
kontakt, viel Aneinandervor-
bei: weniger Ruhe zwischen
zwei Auftritten als Ausge-
setztsein, Verlorenheit.

Schießbude (»Der Jahrmarkt«, Bl. 4), R. 1921

Blick aus einer Budenbühne
über einen langen Mann und
einen in sein Blasinstrument
eingezwängten Musiker auf
Jahrmarktsbesucher. Die Inschrift (links oben) ist wieder als Anspielung auf die
Welt als Panoptikum zu ver-
stehen.

Otto Dix, Sketch (aus der Folge
»Zirkus«), 1922

**Der große Mann
(»Der Jahrmarkt«,
Bl. 5), R. 1921**

94

Der Neger (»Der Jahrmarkt«, Bl. 6), R. 1921

Das Karussell (»Der Jahrmarkt«, Bl. 7), R. 1921

Eintragung auf einem Probe-
abzug, den Beckmann seiner
Frau widmete: »Unser beider
Selbstbildnis«. 1948 schreibt
Beckmann ins Tagebuch:
»Wir sind alle Seiltänzer! Bei
ihm ist's wie in der Kunst, so
auch bei allen Menschen: der
Wille, das Gleichgewicht zu
erreichen und zu erhalten«.

Rene Magritte, Die Liebenden,
1928 (Ausschnitt)

Der Seiltänzer (»Der Jahrmarkt«, Bl. 8), R. 1921

Niggertanz (»Der Jahrmarkt«, Bl. 9), R. 1921

Schlangendame (»Der Jahrmarkt«, Bl. 10), R. 1921

Selbst im Hotel (»Berliner Reise«, Bl. 1), L. 1922

Die Enttäuschten I (»Berliner Reise«, Bl. 2), L. 1922

Eine Analyse dieses Blattes
(aus dem Vergleich mit einer
verworfenen Vorzeichnung)
gibt Stephan von Wiese auf
Seite 21.

Nackttanz (»Berliner Reise«, Bl. 4), L. 1922

In zwei Pastellen wird Beckmann dieses Thema noch einmal 1928 behandeln

Der Schlittschuhläufer (»Berliner Reise«, Bl. 5), L. 1922

Die Enttäuschten II (»Berliner Reise«, Bl. 6), L. 1922

Nicht nur die Nationalisten
(Abb. S. 101), auch die aufge-
klärten Intellektuellen zeigt
Beckmann als Enttäuschte,
enttäuscht über die geschei-
terte Revolution (Verweise
auf Marks [!], Rosa Luxem-
burg, Karl Liebknecht).
Gegenüber 1919 (»Die Hölle«)
sind diese Blätter moderater
im Temperament, einfacher
im Formalen; Antworten
auf den politischen Klima-
wechsel?

Gegenüber der »Straße«
aus der »Hölle«-
Folge von 1919 ist das voller
Verwunderung wahrgenom-
mene Chaos hier einer
Selbstverständlichkeit gewi-
chen: die sozialen Probleme
und Widersprüche als Alltäg-
liches, hingenommen. Die ge-
sellschaftlichen Gegensätze
werden nicht auf dem einzel-
nen Blatt, sondern in der
ganzen Lithofolge ausge-
tragen.

Die Bettler (»Berliner Reise«, Bl. 7), L. 1922

Das Theaterfoyer (»Berliner Reise«, Bl. 8), L. 1922

In der »Hölle« geht es um die Revolutionszeit, hier um die Zeit danach. Gesellschaftliche Erscheinungen werden aufs Korn genommen: die antidemokratische Haltung der Reaktionäre, die Not der Armen, das nächtliche Großstadtvergnügen, Sport und Freizeit, die Lähmung der Intellektuellen, der Alltag der sozialen Gegensätze, das Vergnügen im (bürgerlichen) Theater und in (proletarischen) Kneipen.

Kaschemme (»Berliner Reise«, Bl. 9), L. 1922

Nur, wie bisher angenommen, ein Schornsteinfeger, vielleicht mit »unbekannter Bedeutung« (Fischer)? In den anderen Folgen steht am Anfang und auch am Ende eine Selbstdarstellung. Warum nicht auch hier? Wie ein Schornsteinfeger von der Arbeit geschwärzt, so ist der Künstler Beckmann betroffen, verwandelt, durch die Auseinandersetzung mit der Realität.

Der Schornsteinfeger (»Berliner Reise«, Bl. 10), L. 1922

Weihnachten, R. 1919

Hier ist der Geist, R. 1921

Bildnis Reinhard Piper, L. 1921

Umarmung, R. 1922

Jazz gilt in den 20er Jahren als Inbegriff hektischer, zugleich vergnüglicher Modernität. Otto Dix demonstriert, daß er mitten im modernen Leben steht, aber die Vergnügungen sind für ihn nur Hintergrund, Folie. Beckmann (rechts neben dem Trompeter) zeigt sich selbst tief verwickelt und verstrickt. Bei Dix erstarrt die Szenerie zu einem Panoptikum, bei Beckmann vibriert sie vor Krach und Dynamik, Metapher für eine aus dem Lot geratene Welt.

Otto Dix, An die Schönheit, 1922 (Ausschnitt)

Jazz-Kapelle, Z. 1922

In der Trambahn, R. 1922

Kasbek, R. 1923

Max Beckmann, Fastnacht, 1920

Fastnacht, R. 1922

Vor dem Maskenball, R. 1923

1927 spricht Beckmann einmal von »der schlamasselhaften Sklavenexistenz, die wir
jetzt Leben nennen ... Eingesperrt wie Kinder in einem
dunklen Zimmer sitzen wir
gottergeben da und warten
darauf, daß man uns die Tür
aufmacht und uns zur Hin-
richtung, zum Tode führt«.

Der Vorhang hebt sich, R. 1923

»Das Thema vom Welttheater erfährt hier eine Wendung. Zu den Symbolen treten Symbolgestalten. Der subjektive Anlaß wird verdeckt, das Fabelhafte tritt in Aktion. So kann man das bescheidene Blatt als eine Art Vorspiel betrachten, in dem Themen der großen Triptychen Beckmanns anklingen« (Friedhelm W. Fischer, 1976).

1923/24 nimmt die Produktion von Druckgrafik bei Beckmann rapide ab.

Holzbrücke, R. 1922

In Frankfurt lebt Beckmann
von 1916 bis 1933. Ein (sei-
tenverkehrtes) Gemälde mit
demselben Motiv des eisernen Steges über den Main,
ebenfalls von 1922, befindet
sich neuerdings in der Kunstsammlung Nordrhein-Westfa-
len in Düsseldorf.

Große Brücke, R. 1922

1925 hatte Beckmann Mathilde von Kaulbach (»Quappi«) geheiratet.

Quappi kartenspielend, Z. 1926

Quappi mit Kerze, Z. 1928

Die verloschene Kerze ist bei Beckmann – wie in der niederländischen Stillebenmalerei – ein Vergänglichkeits-, die brennende Kerze ein Lebenssymbol.

Bildnis eines bärtigen Mannes, Z. 1927

Rimini, Z. 1927

»In Beckmanns Zeichnung
sind ... die Ufer nicht als Zie-
le dargestellt. Der Ort für
den Menschen ist die Brücke
selbst. Die Menschen sind un-
terwegs, ohne daß Woher
und Wohin für sie wesentlich
wären« (Christian Lenz, 1976).

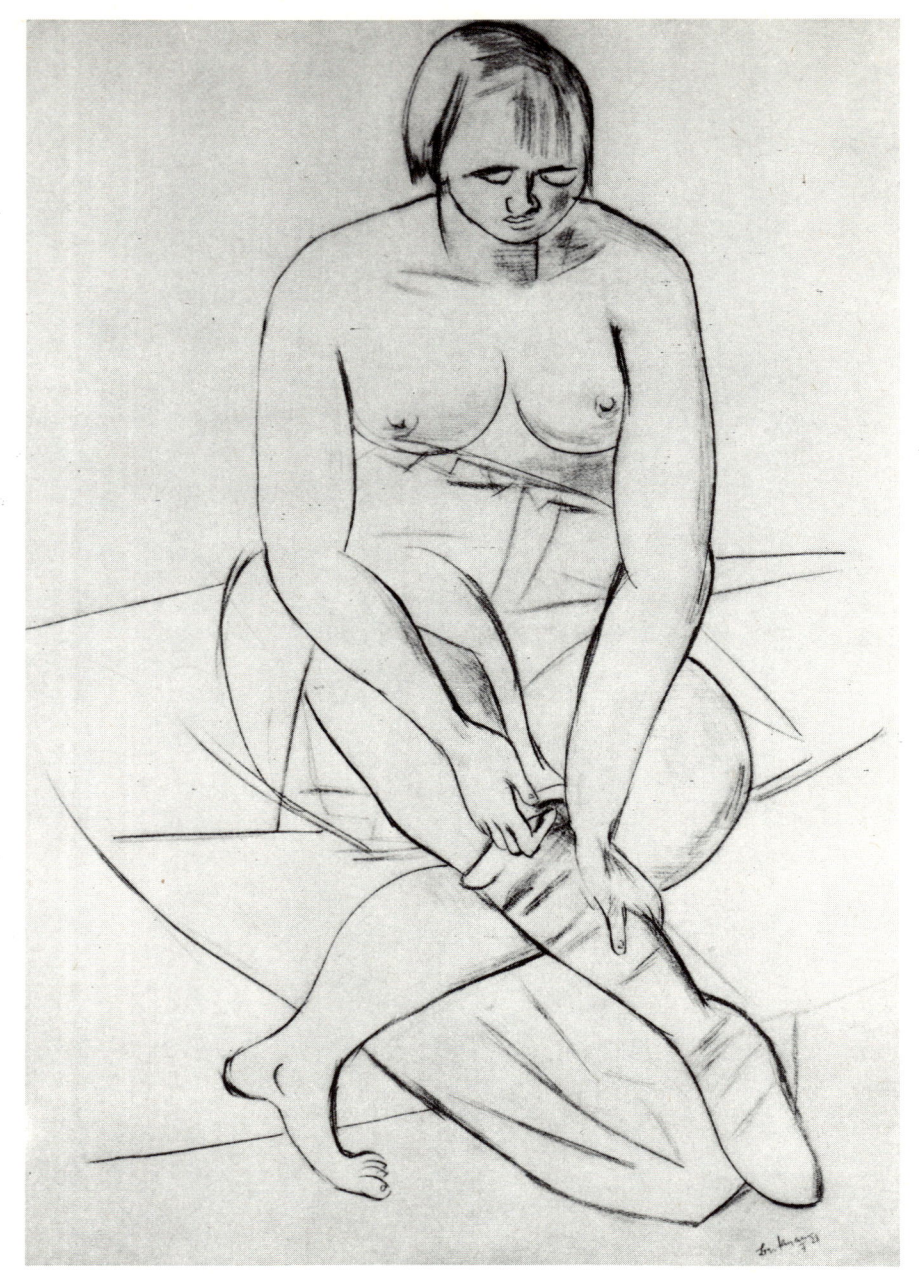

Sitzende, Z. 1928

Zeitungsverkäuferin, Z. 1928

Eisläufer in Davos, Z. 1928

Eiskunstlauf, Z. 1928

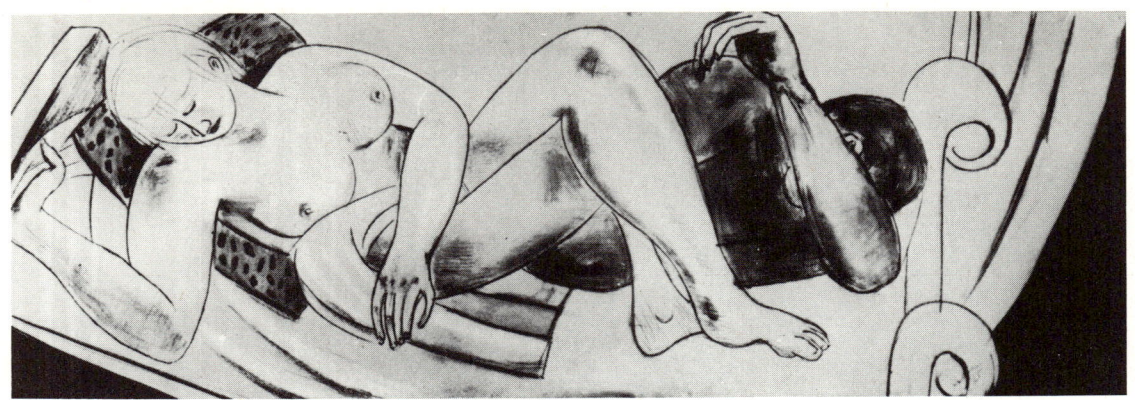

Die Nacht, Z. 1928

Mann und Frau sind so dargestellt, als gingen sie in eins
über. »Es muß zugegeben
werden, daß der Trick – sich
in männlich und weiblich zu
teilen, ein wirklich fabelhaf-
tes und »fast« nicht zu erlö-
schendes Reizmittel ist, um
immer wieder an die Canda-
re geschleift zu werden. Ob
durch das Auslöschen der
Sinneseindrücke (Buddhis-
mus oder Trappisten) eine
endgültige Erlösung möglich
ist, erscheint mir durchaus
zweifelhaft« (MB 28. 10.
1945).

»Be_astet – oder begnadet –
mit einer furchtbaren vitalen
Sinnlichkeit, muß ich die
Weisheit mit den Augen suchen. Ich betone besonders
Augen; denn nichts wäre lächerlicher und belangloser
als eine zerebrale gemalte
Weltanschauung ohne den
schrecklichen Furor der Sinne für jede Form von Schönheit und Häßlichkeit des
Sichtbaren« (MB 1938).

Sitzendes Paar, Z. 1938

Spaziergang (Der Traum), Z. 1946

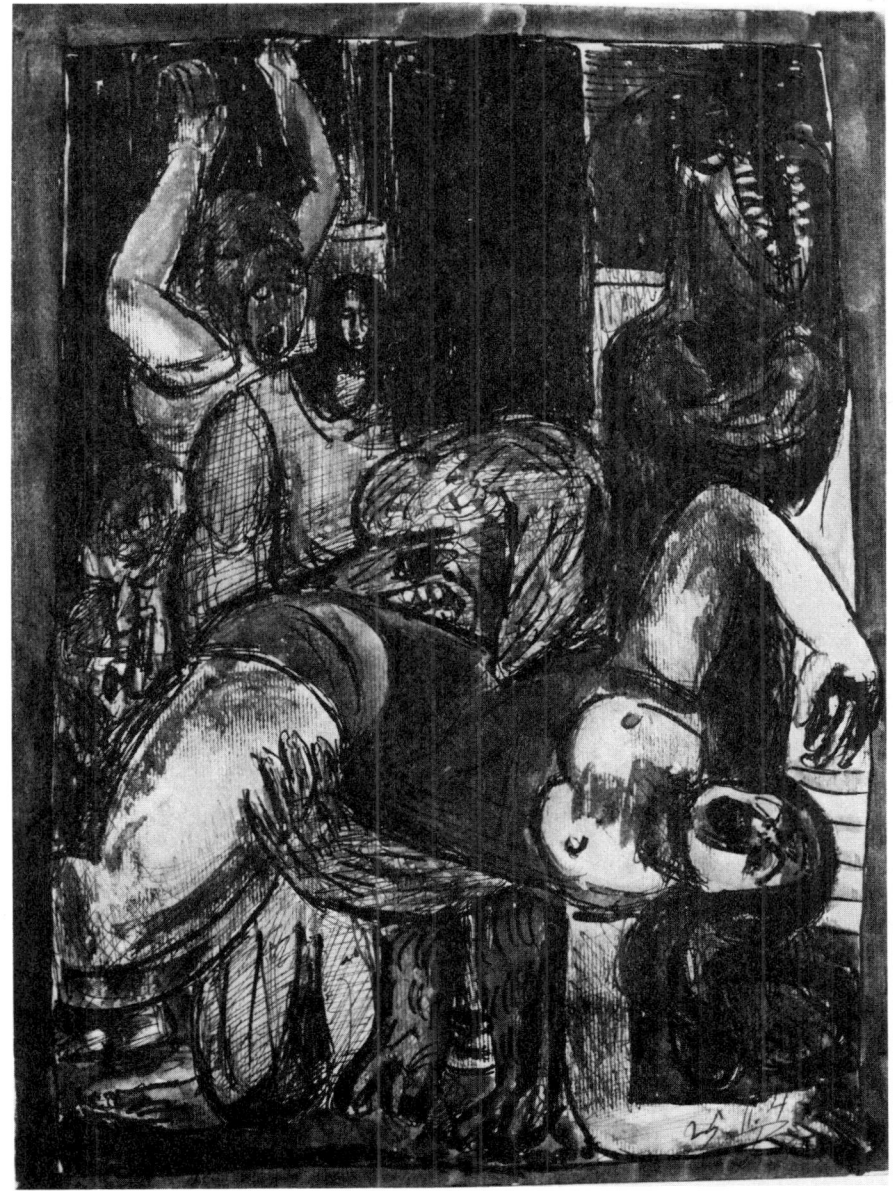

Kriegsgreuel, Auseinandersetzung mit der Realität der
Revolutionszeit und der Zeit
danach, Überhöhung durch
Symbole und Symbolfiguren
– mit einer unerhörten
Zwangsläufigkeit entwickelt
sich Beckmanns Werk über
diese Stationen der zunehmend verdichteten Interpre-
tation von Wirklichkeit zum
puren Ausdruck von Angst
und Isolation. Am Ende stehen Formulierungen wie diese, die trotz aller (denkba-
ren) Aufschlüsselungsakroba-
tik unmittelbar wirken, zwin-
gend, unausweichlich: die
Mechanik des Grauens, ohne
Hoffnung, ohne Utopie.

Die Hunde werden größer, Z. 1947

Moskitonetz, Z. um 1947

Eine der letzten Selbstdarstellungen Beckmanns, ein Jahr vor dem Tod entstanden. Der – häufig auch in Gemälden auftauchende – Fisch ist bei Beckmann analog zu gnostischem Gedankengut Symbol des Lebens und der Seele, hier möglicherweise Symbol der Wiedergeburt, das Selbstporträt also eine Figuration von Vergehen und Erneuerung, ein Thema, das Beckmann gegen Ende des Lebens oft beschäftigt hat.

M.B., 1950

Selbstbildnis mit Fisch, Z. 1949

Max Beckmann in Amsterdam, 1939

Max Beckmann in Amsterdam, 13.8.38

+ 16

Wir danken den Museen und den Privatsammlern sehr herzlich für ihre Unterstützung, neben denen, die ungenannt bleiben wollen, namentlich den folgenden:

Dr. Wilhelm F. Arntz, Haag/Obb.
Kunstmuseum Basel, Kupferstichkabinett
Kunsthalle Bremen
Marianne Feilchenfeldt, Zürich
Städtische Galerie im Städelschen Kunstinstitut, Frankfurt/M.
Prof. Theo Garve, Hamburg
Hamburger Kunsthalle
Kunstmuseum Hannover mit Sammlung Sprengel
Musée d'Art Moderne Strasbourg
Staatsgalerie Stuttgart/ Graphische Sammlung
Kunsthaus Zürich, Graphische Sammlung

Seite 32 oben
Selbstbildnis, 1936
Bleistift 20 × 13,5 cm, B. 152
Privatbesitz

Seite 32 mitte
Kopf mit Maske (Selbst-
bildnis), 40er Jahre (?)
Füllfeder 27,9 × 22 cm, B. 163
Privatbesitz

Seite 32 unten
Selbstbildnis, 1946 (aus: Day
and Dream, Bl. 1)
L. 40 × 30 cm, G. 289
Hamburger Kunsthalle

Seite 33
Selbstbildnis, 1946
Feder, laviert 32,5 × 15 cm,
B. 189
Marianne Feilchenfeldt,
Zürich

Seite 35
Wittenbergplatz, 1911
L. 24 × 22 cm, G. 18
Kunsthalle Bremen

Seite 36
Admiralscafé, 1912
L. 26 × 30,5 cm, G. 23
Kunstmuseum Hannover mit
Sammlung Sprengel

Seite 37
Ulrikusstraße in Hamburg,
1912
L. 27,5 × 23,5 cm, G. 27
Hamburger Kunsthalle

Seite 38
Bordell in Hamburg, 1912
R. 12 × 17 cm, G. 33
Kunstmuseum Hannover mit
Sammlung Sprengel

Seite 39
Die Vergnügten, 1912
R. 11,5 × 17,8 cm, G. 34

Kunstmuseum Hannover mit
Sammlung Sprengel

Seite 40
Die Kriegserklärung, 1914
R. 20 × 25 cm, G. 57
Hamburger Kunsthalle

Seite 41
Kleine Operation, 1914 (?)
R. 25,3 × 26,7 cm
G. 56
Kunstmuseum Hannover mit
Sammlung Sprengel

Seite 42
Große Operation, 1914 (?)
R. 29,8 × 45,8 cm, G. 55
Bl. 18 der Mappe „Gesichter"
Privatsammlung, Hamburg

Seite 43
Mann mit Krücke im Roll-
stuhl, 1914
Schwarze Tusche mit Feder
15,7 × 12,8 cm, W. 211
bez. o.: »Theatre Du Monde-
Grand Spectakel de la Vie«
Staatsgalerie Stuttgart/
Graphische Sammlung

Seite 44
Lazarett, 1914
Blei, Tusche mit Feder und
Pinsel 21,5 × 28,9 cm, W. 199
Privatbesitz

Seite 45
Großer Operationssaal, 1914
Tusche mit Feder, laviert,
über Blei 30,3 × 46,8 cm,
W, 186
Privatbesitz

Seite 46
Rücklings aus dem Bett
gestürzter Mann und Figur
mit über der Brust verschränk-
ten Armen, 1912
Schwarze Tusche mit Feder

32,2 × 26 cm, W. 101
Dr. Peter Beckmann, Murnau

Seite 47
Die Nacht, 1914
R. 22,7 × 27,7 cm, G. 54
Hamburger Kunsthalle

Seite 48
Das Leichenhaus, 1915
R. 26 × 36 cm, G. 59
Privatbesitz

Seite 49
Die Granate, 1915
R. 43,5 × 28,8 cm, G. 62
Kunstmuseum Hannover mit
Sammlung Sprengel

Seite 50
Landsturmmann Ernst Pflanz,
Brustbild, 1915
Bleistift 36,1 × 25,5 cm, W. 261
Städtische Galerie im
Städelschen Kunstinstitut
Frankfurt/M.

Seite 51
Porträt eines Soldaten mit
Zigarre, 1915
Bleistift 34 × 25 cm, W. 263
Musée d'Art Moderne,
Strasbourg

Seite 52
Gefallene Soldaten, 1914
L. 29 × 26,5 cm, G. 50
Privatbesitz

Seite 53
Bildnis des verwundeten
Schwagers Martin Tube, 1914
L. 36 × 25 cm, G. 53
Kunstmuseum Hannover mit
Sammlung Sprengel

Seite 54
Fabelwesen und Totenköpfe,
mit Sektgläsern anstoßend,
1914

Schwarze Tusche mit Feder
auf braunem Karton
ca. 14 × 22 cm, W. 215
Dr. Peter Beckmann, Murnau

Seite 55
Soldatenbad — duschende
Soldaten, 1915
Tusche mit Feder laviert
30,2 × 36 cm, W. 244
Privatbesitz

Seite 56
Gesellschaft, 1915
R. 26 × 32 cm, G. 63
Kunstmuseum Hannover mit
Sammlung Sprengel

Seite 57
Fliegerbeschießung, 1915
R. 19,5 × 14,6 cm, G. 64
Kunstmuseum Hannover mit
Sammlung Sprengel

Seite 58
Mitternacht, 1916
R. 12,6 × 17,5 cm, G. 66
Bl. 8 der Mappe »Gesichter«
Privatsammlung, Hamburg

Seite 59
Café (im Vordergrund zwei
alte Frauen), 1916
R. 17,5 × 23,5 cm, G. 74
Kunsthaus Zürich,
Graphische Sammlung

Seite 60
Liebespaar, 1916
R. 18,1 × 14 cm, G. 78
Städtische Galerie im Städel-
schen Kunstinstitut, Frank-
furt/M.

Seite 61
Der Abend (Selbstbildnis mit
den Battenbergs), 1916
R. 23 × 17,5 cm
G. 67

Bl. 10 der Mappe »Gesichter«
Privatsammlung, Hamburg

Seite 62
Prosit Neujahr, 1917
R. 23 × 29,3 cm, G. 86
Bl. 17 der Mappe »Gesichter«
Privatsammlung, Hamburg

Seite 63
Straße II, 1916
R. 19,5 × 29,5 cm, G. 79
Kunstmuseum Hannover mit
Sammlung Sprengel

Seite 64
Die Gähnende, 1918
R. 30,7 × 25,5 cm, G. 100
Bl. 7 der Mappe »Gesichter«
Privatsammlung, Hamburg

Seite 65
Schlafende, 1917
R. 17,8 × 13,9 cm, G. 95
Städtische Galerie im Städel-
schen Kunstinstitut, Frank-
furt/M.

Seite 66
Cafémusik, 1918
R. 31,3 × 23,1 cm, G. 101
Bl. 9 der Mappe »Gesichter«
Privatsammlung, Hamburg

Seite 67
Irrenhaus, 1918
R. 25,5 × 30 cm, G. 106
Bl. 3 der Mappe »Gesichter«
Privatsammlung, Hamburg

Seite 68
Mainlandschaft, 1918
R. 25 × 29,8 cm, G. 99
Bl. 6 der Mappe »Gesichter«
Privatsammlung, Hamburg

Seite 69
Landschaft mit Ballon, 1918
R. 23,3 × 29,5 cm, G. 105

Bl. 14 der Mappe »Gesichter«
Privatsammlung, Hamburg

Seiten 71— 8.
Die Hölle, 1919
Zehn Lithographien mit
einem Titelblatt von Max
Beckmann
Verlag J.B. Neumann, Berlin
1919
Privatsammlung, Hamburg
sowie Kunsthalle Bremen
und Privatbesitz Hamburg

Seite 80
Die Letzten, 1919
L. 66,8 × 47,2 cm, G. 122
Bl. 9 der Mappe „Die Hölle"

Seite 81
Familie, 1919
Schwarze Kreide auf
Umdruckpapier 85 × 61 cm,
W. 417
Original Bl. 10 der Mappe
»Die Hölle«
Privatbesitz Hamburg

Seiten 83—89
Die Stadtnacht, 1920
Sechs Lithographien mit
einem Titelblatt von Max
Beckmann zu Gedichten von
Lili von Braunbehrens
Verlag R. Piper,
München, 1921
Kunsthalle Bremen

Seite 83
Titelblatt, 1920
L. 18 × 15 cm, G. 135

Seite 84
Trinklied, 1920
L. 18,7 × 16,5 cm, G. 136
Bl. 1 der Mappe »Stadtnacht«

Seite 85
Stadtnacht, 1920
L. 19 × 15,3 cm, G. 137
Bl. 2 der Mappe »Stadtnacht«

Seite 86
Verbitterung, 1920
L. 19,5 × 15 cm, G. 138
Bl. 3 der Mappe »Stadtnacht«

Seite 87
Vorstadtmorgen, 1920
L. 19 × 15 cm, G. 139
Bl. 4 der Mappe »Stadtnacht«

Seite 88
Möbliert, 1920
L. 21 × 15,5 cm, G. 140
Bl. 5 der Mappe »Stadtnacht«

Seite 89
Die Kranke, 1920
L. 18 × 16 cm, G. 141
Bl. 6 der Mappe »Stadtnacht«

Seiten 90— 99
Der Jahrmarkt, 1921
Zehn Radierungen von Max
Beckmann
Verlag R. Piper,
München, 1922
Klaus Hegewisch, Hamburg

Seite 90
Der Ausrufer (Selbstbildnis
Zirkus Beckmann), 1921
R. 33,5 × 25,3 cm, G. 163
Bl. 1 der Mappe »Jahrmarkt«

Seite 91
Garderobe, 1921
R. 20,7 × 14,7 cm, G. 164
Bl. 2 der Mappe »Jahrmarkt«

Seite 92
Hinter den Kulissen, 1921
R. 20,8 × 30,5 cm, G. 165
Bl. 3 der Mappe »Jahrmarkt«

Seite 93
Schießbude, 1921

R. 31,8 × 24,4 cm, G. 166
Bl. 4 der Mappe »Jahrmarkt«

Seite 94
Der große Mann, 1921
R. 30,7 × 20,8 cm, G. 167
Bl. 5 der Mappe »Jahrmarkt«

Seite 95
Der Neger, 1921
R. 29,2 × 25,8 cm, G. 168
Bl. 6 der Mappe »Jahrmarkt«

Seite 96
Das Karussell, 1921
R. 29 × 25,5 cm, G. 169
Bl. 7 der Mappe »Jahrmarkt«

Seite 97
Der Seiltänzer, 1921
r. 25,6 × 25,6 cm, G. 170
Bl. 8 der Mappe »Jahrmarkt«

Seite 98
Niggertanz, 1921
R. 25,6 × 25,6 cm, G. 171
Bl. 9 der Mappe »Jahrmarkt«

Seite 99
Schlangendame, 1921
R. 29 × 25,5 cm, G. 172
Bl. 10 der Mappe »Jahrmarkt«

Seiten 100—109
Berliner Reise, 1922
Zehn Lithographien mit Um-
schlag und Titelblatt von Max
Beckmann
Verlag J.B. Neumann,
Berlin 1922
Hamburger Kunsthalle

Seite 100
Selbst im Hotel, 1922
L. 44,5 × 32 cm
G. 182
Bl. 1 der Mappe »Berliner
Reise«

Seite 101
Die Enttäuschten I, 1922

L. 49 × 37 cm, G. 183
Bl. 2 der Mappe »Berliner
Reise«

Seite 103
Nackttanz, 1922
L. 47,5 × 37,5 cm, G. 185
Bl. 4 der Mappe »Berliner
Reise«

Seite 104
Der Schlittschuhläufer, 1922
L. 49 × 36 cm, G. 186
Bl. 5 der Mappe »Berliner
Reise«

Seite 105
Die Enttäuschten II, 1922
L. 48 × 38 cm, G. 187
Bl. 6 der Mappe »Berliner
Reise«

Seite 106
Die Bettler, 1922
L. 46,5 × 33,5 cm, G. 188
Bl. 7 der Mappe »Berliner
Reise«

Seite 107
Das Theaterfoyer, 1922
L. 49 × 40 cm
Bl. 8 der Mappe »Berliner
Reisen«

Seite 108
Kaschemme, 1922
L. 45 × 33,5 cm, G. 190
Bl. 9 der Mappe »Berliner
Reise«

Seite 109
Der Schornsteinfeger, 1922
L. 45 × 33,5 cm, G. 191
Bl. 10 der Mappe »Berliner
Reise«

Seite 110
Weihnachten, 1919
R. 17,5 × 23,5 cm, G. 126
Städtische Galerie im

Man umgebe mich mit Luxus,
auf das Lebensnotwendige kann ich verzichten
O. Wilde

Literaturauswahl

Max Beckmann. Leben in Berlin — Tagebuch 1908/09. Hrsg. v. Hans Kinkel. München 1966

Max Beckmann. Briefe im Kriege. Gesammelt von Minna Beckmann-Tube. Berlin 1916

Max Beckmann. Tagebücher 1940—50. Zusammengestellt von Mathilde Q. Beckmann, hrsg. v. Erhard Göpel. Frankfurt/M. 1965

Max Beckmann. Sichtbares und Unsichtbares. Hrsg. v. Peter Beckmann. Stuttgart 1965 (mit Abdruck der Londoner Rede von 1938 und mit Auszügen aus den Tagebüchern)

Blick auf Max Beckmann. Dokumente und Vorträge. Hrsg. v. Hans Martin Freiherr v. Erffa u. Erhard Göpel. München 1962

Max Beckmann. Aquarelle und Zeichnungen 1903—1950. Ausst.-Kat. Kunsthalle Bielefeld 1977

Friedhelm W. Fischer. Max Beckmann. Symbol und Weltbild. Grundriß zu einer Deutung des Gesamtwerkes. München 1972

Friedhelm W. Fischer. Der Maler Max Beckmann. Köln 1972

Wilhelm Fraenger. Max Beckmann: Der Traum. Ein Beitrag zur Physiognomik des Grotesken, in: Curt Glaser u.a. Max Beckmann. München 1924

Klaus Gallwitz. Max Beckmann — die Druckgraphik (mit Werkverzeichnis) Badischer Kunstverein. Karlsruhe 1962

Curt Glaser u.a. Max Beckmann. München 1924

Erhard Göpel. Max Beckmann, der Zeichner. München 1954, ²1958

Erhard Göpel und Barbara Göpel. Max Beckmann: Katalog der Gemälde. 2 Bde., Bern 1976

Ernst-Gerhard Güse. Das Frühwerk Max Beckmanns. Frankfurt/M. und Bern 1977

Christian Lenz. Beckmann und Italien. Frankfurt/M. 1976

Reinhard Piper. Nachmittag. München 1950

Stephan von Wiese. Max Beckmanns zeichnerisches Werk 1903—1925. Düsseldorf 1978

Das New Yorker Atelier, 1950